Gerd Kaminski
Verheiratet mit China

GERD KAMINSKI

VERHEIRATET MIT CHINA

**Die unglaubliche Geschichte
einer Österreicherin in China**

Löcker Verlag

Berichte des Ludwig-Boltzmann-Instituts für China- und
Südostasienforschung, Nr. 33
Gedruckt mit Unterstützung des Bundesministeriums für
Unterricht und kulturelle Angelegenheiten,
des Bundesministeriums für Wissenschaft und Verkehr
und der Sohmen-China-Stiftung.

Alle Rechte vorbehalten.
© 1997 Löcker Verlag, Erhard Löcker Ges.m.b.H. Wien.
Alle Bilder aus dem Archiv der ÖGCF unter der
Verwendung der dort befindlichen Photos von
Frau Du-Wagner, Helmut Opletal und Else Unterrieder.
Umschlag: Abbildung S. 51
Satz: Alfgard B. Kircher
Druck: Novographik, Wien
Printed in Austria
ISBN 3-85409-288-1

INHALT

Hochzeit in Castelnuovo
7

Tom Mix und der heilige Franziskus –
Kindsein in Erdberg
14

Prinz Su Chong am Heumarkt
21

Kotau vor dem Himmel- und Erdetisch
36

Auf der Flucht vor den Japanern
43

Kurzes Glück vor langem Leiden
59

»Schlaft nicht bis zum Sonnenaufgang, sonst schafft ihr weniger!« – Ein Stadtkind wird zur Kommunebäuerin
67

Kampagnen, Kampagnen, Kampagnen
91

Fanleshan: Nach dreißig Jahren mit erhobenem Haupt
121

Ein Besuch aus Wien kommt fast zu spät
131

Seelengeleitbanner und Langes-Leben-Kleider
145

Der Ruf des Wiener Bürgermeisters
162

Eine Österreicherin als Fackelträgerin für chinesische
Gatten- und Musterliebe
171

Mondneujahr feiern mit ganz China
182

HOCHZEIT IN CASTELNUOVO

Der 1. November 1913 ist trotz der vorgerückten Jahreszeit für Konrad Wagner, Zugsführer und Beschlagmeister im k.u.k. Gebirgsartillerieregiment Nr. 13, ein ganz besonders schöner Tag. In Castelnuovo, dem Quartier seines Regiments, atmet man auch noch in dieser Jahreszeit, zu der in Wien der kalte Novemberwind auf die Allerheiligenblumen braune Ränder haucht, die milde Luft des Mittelmeers. Von der alten Festung blickt er auf die winkeligen Gassen des kleinen Städtchens und auf eine der schönsten Landschaften der alten Doppelmonarchie, die Bocca di Cattaro, ein fjordartiger Meerbusen des adriatischen Meeres im südlichsten Dalmatien. Doch Konrad Wagner nimmt nicht die Schönheit seiner Umgebung gefangen, sondern die junge Frau, mit der er sich der Kirche nähert. Verstohlen blickt er auf ihr rosiges hübsches Gesicht, und seine Augen streifen auch die frauliche Figur seiner Braut, die verlegen die Augen niederschlägt. Zugsführer Wagner blickt wieder zum Kirchenportal, zieht an der Paradeuniform und geht festen Schrittes weiter.

Per Brief hat er Elisabeth kennengelernt, das einzige Kind der früh verwitweten Filomena Kral. Ihr Mann, der Schmied war, hatte sich bei seiner schweren Arbeit verletzt, Mutter und Kind blieben zurück. Konrad Wagners Familie stammt ebenfalls aus Mähren. Seine Kindheit war weniger einsam. Daheim bei seinem Vater, Häusler in Herautz, tummelten sich noch zwölf Geschwister. Der Dienst in der Armee des greisen Kaisers gibt ihm kaum Gelegenheit, jemanden Geeigneten kennenzulernen. Außerdem ist Konrad Wagner ein ernsthafter junger Mann mit festen moralischen Grundsätzen, »Gspusis« sind seine Sache nicht. Als er mit siebenundzwanzig meint, es würde ihm die Ehe wohlanstehen, so soll dies in der gehörigen Weise geschehen. Keine Garnisonsliebschaft sucht er, sondern ein ehrliches treues Mädel aus seiner Heimat. Als er seine Braut zum ersten Mal sieht, registriert er, daß die übersandten braun-bläßlichen Photographien nicht gelogen haben. Stolz ist er auf seine stattliche Braut, und er wird seinen Schritt sein ganzes Leben lang nicht bereuen. So wie sie dann gemeinsam aus der Kirche kommen, werden sie alles gemeinsam bestehen, was der Weltkrieg und die bitteren zwanziger und dreißiger Jahre an Prüfungen zu bieten haben. Einstweilen ist die Zukunft noch so hell wie die Sonne Dalmatiens. Die Beistände, zwei Unteroffiziere des Landjägerregiments und der k.u.k. Feldkurat, bezeugen mit ihren Unterschriften den künftigen gemeinsamen Lebensweg von Konrad und Elisabeth. Dann geht es zu einem festlichen Umtrunk, bei dem der Bräutigam von den Kameraden geneckt wird und die beiden Brautleute für die Zukunft Pläne schmieden.

Doch es soll anders kommen. Ein paar hundert Kilometer nördlich von Castelnuovo fallen am 28.6.1914 die Schüsse von Sarajewo, welche den ersten Weltkrieg auslösen. In den Bergen Dalmatiens und in den Dolomiten kommt der Gebirgsartillerie große Bedeutung zu. Der Beschlagmeister 1. Klasse Konrad Wagner ist für die Pferde verantwortlich und damit für die Einsatzbereitschaft der Geschütze. Mit Tatkraft und Mut versieht er seinen Dienst, der in den eisigen Regionen des Hochgebirges einen ganzen Mann fordert. Seinen Vorgesetzten fällt der Einsatz des jungen Unteroffiziers auf, und so schickt am 30. September 1915 das Obersthofmeisteramt seiner k.u.k. Apostolischen Majestät dem Regiment Nachricht von der Allerhöchsten Entschließung, dem Konrad Wagner das silberne Verdienstkreuz mit der Krone am Bande, der Tapferkeitsmedaille in Anerkennung besonders pflichtgetreuer Dienstleistung vor dem Feinde, zu verleihen. Von der Front schickt Konrad Wagner mit verschnörkelter Schönschrift Feldpostkarten nach Wien. Patriotische Parolen sind darauf gedruckt wie »Gott schütze Kaiser und Vaterland«. Seine junge Frau bewahrt alle sorgfältig auf. Später kommen sie in die große Holztruhe, wo der Vater seine Kriegsandenken verwahrt, und wenn die Kinder brav sind, dann dürfen sie darin kramen, die Postkarten anschauen, den Tschako mit den schwarzen Federn, die Ledergamaschen, den Säbel und nicht zuletzt sein Verdienstkreuz.

Noch ist es nicht so weit. Um die Osterzeit des Jahres 1916 schreibt Elisabeth ihrem Konrad ins Feld, daß sein letzter Urlaub in Wien nicht ohne Folgen geblieben ist. Als verspätetes Geburtstagsgeschenk – Konrad Wagner ist im November 31 Jahre alt geworden – kommt Gertrude am 17. Dezember 1916 als erstes Kind auf die Welt. Blond ist sie wie die Mama und ein herziges Mäderl dazu. Damit das Kind gute Luft hat, geht die junge Mutter häufig mit ihm spazieren. So wie der Kindesvater weiß sie, wie man das Geld zusammenhält, und geht mit dem sparsam um, was ihr vom Sold überwiesen wird. Doch wo es um das Kind geht, scheut sie keine Ausgaben. Gertrudes Kinderwagen ist ein hochrädriges Spitzenprodukt, in welchem, adrett gekleidet, Gertrude dahinschaukelt.

Eines Tages vor Ostern 1917 zieht Elisabeth ihr schönstes Kleid an, nimmt den breiten Fuchskragen und den großen Hut und geht mit dem Baby am Donauufer spazieren. Das Bild davon bekommt der Ehemann. Konrad revanchiert sich am 29. April 1917 mit einem Photo, das ihn ordensgeschmückt auf einem schmalen Weg vor einer Almhütte zeigt. Konrad ist nun an der Front gegen die Italiener, einer der blutigsten Fronten des 1. Weltkrieges, eingesetzt. Die Italiener sind fromme Leute, und vielleicht ist an jenem Sonntag das Feuer spärlicher und gibt den österreichischen Soldaten mehr Muße. Das mag die Zeilen erklären, welche Konrad für Frau und Kind auf die Rückseite seines Photos schreibt: »Einen Sonntagsgruß sendet Dein Konrad«.

Kurz vor Kriegsende hat er nochmals Urlaub und geht mit dem Töchterchen, das den fremden Mann mit den drei

Sternen am Kragenspiegel bestaunt, von der Wohnung in Erdberg in die nahegelegenen Donauauen. Einen Ball hat er mitgebracht, und die Kleine freut sich. Dem hageren Gesicht des Vaters merkt man es an, daß im Jahr 1918 auch bei der Armee die Nahrungsmittelversorgung zusammengebrochen ist. Bei der Wiener Bevölkerung stimmt es schon seit 1917 nicht mehr. Immer mehr Kinder erkranken an Rachitis und Tuberkulose. Während in Österreich Aufrufe affichiert werden, Obstkerne nicht wegzuwerfen, sondern daraus Öl zu gewinnen, kommt es in den Betrieben des Landes immer häufiger zu Streiks und Revolten. Kaiser Franz Joseph, der später in China durch die Filme Marischkas eher als Gemahl von Prinzessin Sisi bekannt werden wird, hat bei seinem Tod am 21. November 1916 dem jungen Kaiser Karl eine wankende Monarchie übergeben. In Wien und anderen Städten ist man nicht mehr in der Lage, die Grundbedürfnisse der Bevölkerung zu sichern. Doch Elisabeth und ihre Mutter, welche mit ihr in der Zimmer-Kabinett-Wohnung in Erdberg wohnt, sind es gewohnt, eisern zu sparen und für die Kinder das letzte zu geben. Und so kommt es, daß Konrad Wagner bei seinem letzten Heimaturlaub ein adrett gekleidetes, pausbäckiges Kind auf dem Schoß hält. Inzwischen hat er sich neue Auszeichnungen verdient, die an seiner Brust baumeln. Die kleine Gertrude greift gerne nach den glitzernden Dingen. Dann muß er wieder zurück an die Isonzofront. Der Abschied ist schwer. Aber der Optimismus seiner Frau ist nicht kleinzukriegen. »Du kommst heim«, sagt sie zum Abschied, als könne sie im Buch des Schicksals lesen.

Als er wieder im Feld ist, merkt auch er die Auflösungserscheinungen in der Armee. Die Kameraden aus den anderen Kronländern wollen nicht mehr für die zerfallende Monarchie kämpfen. Dort, wo er zur Zeit seiner Trauung von der Festung hinabblickte, in der Bocca di Cattaro, kommt es im Februar 1918 zu einer Meuterei der

Elisabeth mit Gertrude in den Praterauen, Winter 1917

Der Sonntagsgruß von der Front, 29. April 1917

Konrad Wagner mit Gertrude im Prater einige Monate
vor Kriegsende

Matrosen, welche nur mit Mühe unterdrückt werden kann. Doch die Niederlage ist nicht aufzuhalten. Am 3. November 1918 streckt Kaiser Karl gegenüber Italien die Waffen. Am 11. November hat Konrad Wagner auch keinen allerhöchsten Kriegsherren mehr. Kaiser Karl, auf den er nach dem Tod von Kaiser Franz Joseph neu vereidigt worden ist, verzichtet auf jeden Anteil an den Staatsgeschäften. Am 12. November wird in Österreich die Republik ausgerufen.

Für die Offiziere und Unteroffiziere, welche aus dem Feld heimkommen, wird es gefährlich. Manche Menschen geben dem Militär an ihrem Elend die Schuld und reißen den Heimkehrenden die Rangabzeichen von den Uniformen. Doch Konrad Wagner fürchtet sich nicht, und er ist auch entschlossen, das wichtigste Gut, das er von der Armee in Verwahrung hat, nämlich sein Pferd, dem Staat zurückzugeben. Er reitet den ganzen Weg von Italien nach Wien. Schließlich kommt er hoch zu Roß in die Erdbergstraße 26. Er bindet das Pferd im Hof an und läuft in den ersten Stock, wo er Frau, Großmutter und Kind in die Arme schließt. Das Pferd liefert er mangels kompetenter militärischer Stellen bei der Sicherheitswache in der Marokkanerkaserne ab. Er hängt an dem Tier und besucht es später noch öfters mit Zucker in der Tasche. Doch nicht nur sein Pferd, auch er geht zur Polizei. Er ist an den militärischen Dienst gewöhnt und hat festgefügte Vorstellungen von Recht und Ordnung. Solche Leute braucht man zu dieser Zeit bei der Wiener Polizei, denn in der Hauptstadt der klein gewordenen Republik geht es drunter und drüber. Am 17. April 1919 wird das Parlament von Demonstranten gestürmt. Dabei werden Wachleute verwundet und sogar getötet. Wiens Polizeipräsident Johann Schober muß die im Parlament belagerte Polizei durch das Militär befreien lassen.

Der mutige und pflichtbewußte Konrad Wagner wird bei der Polizei mit offenen Armen aufgenommen. Der

Heimatschein vom 11. Juli 1919 weist bereits seine neue Funktion aus: Oberwachmann. Als Beamter kann er in einer Zeit des Chaos und des wirtschaftlichen Umbruchs den Unterhalt seiner Familie einigermaßen sicherstellen. Er wird der Waffenmeisterei in der Marokkanerkaserne zugeteilt, einem peinlich sauberen Raum mit Drehbänken und Werktischen, wo eine Schicht von fünf bis sechs Beamten Gewehre, Pistolen, aber auch die Dienstfahrräder in Schuß hält.

TOM MIX UND DER HEILIGE FRANZISKUS – KINDSEIN IN ERDBERG

Während Konrad in der Kaserne über einen geräumigen Arbeitsplatz verfügt, wird es in der kleinen Wohnung enger. Am 9. Oktober 1919 kommt Gertrudes ältester Bruder Herbert auf die Welt. Das bedeutet weniger Raum und mehr Kosten. Doch Elisabeth Wagner hält die Wohnung in peinlicher Ordnung. Ein Weihnachtsphoto aus dieser Zeit zeigt Gertrude mit Mutter und Großmutter unter einem großen Weihnachtsbaum, der mit Glasschmuck, Äpfeln, kleinen Brezeln und Windbäckerei dicht behängt ist. Mutter Elisabeth liest ihrer Tochter aus einem großen Märchenbuch vor. Auf dem Gabentisch sieht man außerdem eine große Puppe, deren Porzellankopf von einem Rüschenkragen umrahmt ist, einen Stoffbernhardiner und noch ein Buch mit dem verschnörkelten Titel »Unsere Haustiere«. Unter dem Tisch steht ein kleiner Puppenwagen mit einem kleinen Porzellanwickelkind. Die Sparsamkeit der Mutter ermöglichte fürstliche Geschenke für die Familie des Wachebeamten. Der Gabentisch macht außerdem deutlich, daß sich Vater und Mutter selbst keine Geschenke gönnten.

Das Photo hat Herr Wagner mit seiner Glasplattenkamera selbst gemacht und auch selbst entwickelt. Es gibt kaum etwas, was er nicht mit seinen geschickten Händen kann. Er schneidet Glas, rahmt Bilder, lötet und ist ein begeistertes Mitglied des Simmeringer Jagdvereins. Zu Fuß geht er zum Stammtisch nach Simmering ins Wirtshaus, heute übrigens ein Chinarestaurant. Die Mutter hält das Geld zusammen. Sie hat auch zu Monatsende noch genügend, um etwas Gutes zu kochen: Skubanki, Kartoffelknödel, Strudel. Am Sonntag bekommt der Vater Fleisch. Bei der Hausarbeit singt die Mutter gerne Operettenarien oder reimt sich selbst etwas zusammen. Einmal im Monat wird in einem riesigen Kessel die Wäsche der ganzen

Familie gekocht und dann durch eine Winde gedreht. Dazu kommt dann noch das Bügeln und Nähen. Gertrude wird es später von der Mama lernen und im chinesischen Dorf wegen der präzisen Ausbesserungen ihrer Kleider bewundert werden. Die Wagnerkinder spielen im Hof unter der großen Kastanie, die vom Nachbargrund herüberragt. Den Stamm hat der Hausmeister an die Mauer gemalt. Für Illusionen sorgt auch die Mutter am Tag des heiligen Nikolaus. Sie näht sich die notwendige Ausstattung und fragt die Kinder, denen die Stimme merkwürdig bekannt vorkommt, was sie während des Jahres angestellt hätten.

Die Familie Wagner ist nicht nur bei solchen Anlässen religiös, sondern Konrad und Elisabeth sind überzeugte Katholiken. Regelmäßiger Besuch der Sonntagsmesse ist für sie eine Selbstverständlichkeit und ebenso selbstverständlich ist für sie, die Kinder in eine katholische Schule zu geben. Da bietet sich die in der Nähe gelegene Schule der Schwestern des Dritten Ordens vom Heiligen Franziskus an. Im September 1922 betritt Gertrude zum ersten Mal beklommenen Herzens das stattliche Gebäude der Erdberger Schulschwestern. Eine schwarze Schiefertafel hat sie mit, den Griffel und ein Schwämmchen. Erst in der Bürgerschule wird sie dieses Schreibzeug mit Papier und Kurrentfeder vertauschen. Mit ihren blonden Haaren und den strahlend blauen Augen wirkt sie auf die Mitschülerinnen wie eine kleine Puppe. Gertrude muß sich erst an die Schule gewöhnen, wenn sie auch mit Fleiß und gutem Betragen hervorsticht. Doch ihre Lehrerin Maria Seipelt, zu dieser Zeit noch Novizin, hält viel von der »franziskanischen Fröhlichkeit«. Sie will, daß ihre Schülerinnen »frohe Kinder Gottes« sind, will sie »zur Freude führen«. Das gelingt ihr bei dem fröhlichen Kind Gertrude, das wie ihre Mutter gerne singt. Aufpassen müssen beide – Schülerin und Lehrerin – im Stiegenhaus, denn dort hat die resolute Mutter Augustina für alle ein absolutes Sprechverbot verhängt.

Im Jahre 1923 bekommt Gertrude ein weiteres Brüderchen. Doch die Geburt erfolgt zu früh und unter tragischen Umständen. Zu dieser Zeit, in der sich die verschiedensten politischen Gruppierungen in Österreich bewaffnen, wird immer wieder Munition aus illegalem Besitz beschlagnahmt. Die geschickten Hände Konrad Wagners sind imstande, das Pulver daraus zur Wiederverwertung zu gewinnen. Das ist zwar eigentlich offiziell nicht erlaubt, jedoch wegen der schlechten Zeiten inoffiziell sehr erwünscht. Eines Tages sitzt Konrad Wagner wieder vor einer Blechdose mit Schießpulver. Ein unbedachter Kollege kommt mit der brennenden Zigarette, ein Funke fällt, und die Explosion verbrennt Konrad Wagner schwer. Eilig wird er ins Krankenhaus gebracht, wo man mit einer Lösung so stümperhaft umgeht, daß er das Augenlicht verliert. Elisabeth Wagner ist mit Walter hochschwanger, als die Schreckensnachricht eintrifft. Am darauffolgenden Tag hat sie eine Frühgeburt.

Der Polizeipräsident Schober hilft. Der schwer Versehrte darf in der Waffenmeisterei weiterarbeiten. Obwohl er nur mehr einen schwachen Schimmer sieht, repariert er weiter Pistolen und Gewehre und führt das Reparaturbuch. Die von Schober angebotene Trafik traut sich die Mutter nicht nehmen, und so wird es eng für die Familie. Den kleinen Walter trägt Gertrude gemeinsam mit der Mutter herum, um ihn zu wärmen. Im selben Jahr hat Gertrude Erstkommunion. Das ganze Schuljahr hindurch erhalten die Erstkommunikanten wöchentlich eine Extrastunde Religionsunterricht. Dann kommt der Tag, an dem Gertrude statt der schwarzen Schulschürze mit weißem Kragen stolz ihr weißes Kommunionskleid trägt. Ihre Mutter drückt ihr einen weißen Kranz ins Haar und die große geschmückte Kerze in die Hand. In Zweierreihen gehen die Kinder hinüber in die Erdberger Kirche, wo ihnen von Pfarrer Hofer das Sakrament gespendet wird. Nachher gibt es im Kloster Gugelhupf mit

Nachkriegsweihnachten in Erdberg

Gertrude (siebente von rechts, sitzend)
bei der traditionellen Feier zum Schulschluß

Kakao. Das Erstkommunionsphoto wird vor dem Gemälde Kuppelwiesers aufgenommen, welches von der Kaiserin Carolina Augusta den Schulschwestern gespendet worden ist. Links zeigt es die Kaiserin und rechts den Heiligen Franziskus.

Im darauffolgenden Jahr bekommt Gertrude Schwester Maria Dolores de la Salle als Lehrerin. Sie strahlt eine stillere Fröhlichkeit aus als ihre Vorgängerin und eine große Wärme. Gertrudes Zeugnisse zeigen den Ansporn, den sie von der Lehrerin bekommt. Stolz trägt sie die Heiligenbilder nach Hause, welche sie zur Belohnung für Fleiß mit einer Unterschrift von Schwester Maria Dolores erhalten hat, Bilder von Maria, Josef, Jesus und Antonius. Zur Adventzeit ist in einer Ecke der Klasse eine Krippe aufgebaut, und wenn Gertrude besonders brav ist, darf sie einen Strohhalm hineinlegen. Zur Faschingszeit gibt es Theateraufführungen im Turnsaal, und an einem Tag dürfen sich die Kinder verkleiden. Mutter Wagner zaubert dann mit Nadel und Faden Kostüme, welche von den Mitschülerinnen bewundert werden. Das größte Ereignis ist aber das Gartenfest zu Schulschluß. Herr Steirer, ein Straßenbahnkontrollor, stellt mit den Kindern eine Bühne auf. Den Eltern wird Bier ausgeschenkt. Für die Tombola der Kinder spendet der Bäcker große Kipferln und Salzstangerln, der Fleischer Würste, und außerdem kann man noch Kochlöffel, Vasen oder Schüsseln gewinnen. Mit ihren Mitschülerinnen singt Gertrude Wagner den Donauwalzer.

Nach fünf Klassen Volksschule kommt Gertrude in die dreiklassige Bürgerschule zu Schwester Maria Chrysostoma. Die rundliche Schwester ist sehr mütterlich, was ihr das Zutrauen ihrer Schülerinnen bringt. Von Schwester Chrysostoma lernt Gertrude malen und fertigt später selbst Ölbilder an, welche die Bewunderung ihrer Eltern erregen. Das von ihr gemalte Bild mit den Weintrauben bekommt einen Ehrenplatz in der elterlichen Wohnung.

Zum Abschluß ihres ersten Jahres in der Bürgeschule nimmt Gertrude wie jedes Kind der Klasse von Schwester Chrysostoma ein Heftchen mit Sinnsprüchen mit.

In ihrer Freizeit geht sie mit ihrer Schulfreundin Theresia in den Arenbergpark fangen spielen, oder sie spielt mit ihr in ihrer Wohnung in der Westerhausengasse Nr. 10 Diabolo, Mühle oder Mensch Ärgere Dich Nicht. Auf die Landstraße können sie von der Erdbergstraße über einen Gang der Sünnhofstallungen gelangen. Wenn man Glück hat, findet man dort Stollen von Pferdehufen. Doch der Widerhall der Schritte auf den Holzbolen flößt den Kindern Angst ein und meistens laufen sie, damit sie ins Freie gelangen. Schwester Clementine, damals noch Kandidatin, geht mit den Schülerinnen eislaufen. Um vier Uhr früh wird von den Schwestern aufgespritzt. Das hält dann meistens für vier Wochen. Mit Theresia geht Gertrude auch auf die Eislaufplätze der Hintzerstraße, des Arsenals oder aufs Heustadelwasser. Manchmal, wenn sie genug zusammengespart haben, gehen die Kinder ins Kino, wo Gertrude durch einen Film über Tibet zum ersten Mal mit der östlichen Welt in Berührung kommt. Oder sie gehen um 30 Groschen in das Erdberger Kino, um sich die detektivischen Abenteuer des Tom Mix anzusehen. Von daheim bekommen sie zur Jause Schmalzbrote mit, die sie gelegentlich mit Kindern von Fleischhauern oder Gastwirten gegen Salami und Wurst tauschen. Öfter bleibt sie auch daheim und liest in den Büchern, welche ihr Vater gesammelt hat. Von ihm hat sie die Liebe zum Lesen geerbt. Trotz seines schmalen Gehaltes hat er sich auf Raten alle Bände von »Brehms Tierleben« gekauft und läßt sich daraus vorlesen.

Der Vater hadert mit seinem Schicksal, will aus dem matten Schimmer, der ihm noch bleibt, die Bilder seiner Umgebung »herauspressen«. Es ist gewiß bewundernswert, was er in dem Zustand noch vermag. Er repariert mit zwei Nadeln die Schultaschen der Kinder und bringt es ihnen ebenfalls bei, er flickt Schuhe, rahmt Bilder und schneidet Glas. Ein wenig lebt er während des Urlaubes auf, den er wie die Jahre davor mit der Familie im Polizeierholungsheim Mistelbach verbringt. Hier ist man der Enge von Zimmer und Kabinett entronnen und hat sein eigenes kleines Haus. Die Kinder können im großen Garten spielen und barfuß gehen. Der Wald, den er nur mehr riechen kann, ist in der Nähe. Bei den Bauern gibt es Haustrunk oder um fünfzig Groschen ein Riesenbauernbrot mit Speck.

Später muß die Familie nicht in die Enge der Erdberger Wohnung zurück. Schober sorgt für eine Dienstwohnung in einem Zubau in der Marokkanerkaserne. Zum ersten Mal erfreut sich die Familie des Luxus eines Innenklos. Das Portal der neuen Unterkunft entspricht den turbulenten politischen Zeiten. Es ist ein zehn Zentimeter dickes Panzertor, das ein Eindringen in die anschließende Kaserne verhindern soll. Dort befinden sich bis zu vier Radpanzer und Mannschaftswagen. 30 bis 40 Mann versehen dort stets Bereitschaftsdienst. Zu Weihnachten erhält der Vater bei der Weihnachtsfeier in der Kaserne ein Radio und eine große Uhr. Auf dem vereisten Weg zur Weihnachtsmette hat er von allen den sichersten Schritt. Er will sein Unglück nicht wahrhaben, nimmt die Söhne in die Waffenmeisterei und sogar in den Schießkeller mit, bastelt trotz der Blindheit an Spielzeugeisenbahnen. Wenn er allzu verzweifelt ist, küßt ihn die Mutter, deren sanguinisches Temperament unzerstörbar ist, und sagt: »Aber Konrad, es wird schon!«

PRINZ SU CHONG AM HEUMARKT

Die größte Herausforderung für das seelische Gleichgewicht Konrad Wagners wird durch den Mann ausgelöst, der sich als Wohltäter der Familie erwiesen hat: Dr. Johann Schober. Schober hat den kleinen Beamten der Waffenmeisterei nie vergessen. Nicht nur, daß Gertrude und später die anderen Kinder zu den Weihnachtsfeiern in der Marokkanerkaserne eingeladen werden, wo sie große Kartons mit Goldrand und Seidenbändern erhalten. Darin sind Wäsche, Strümpfe, oft ein Mantel, Straßenbahnfahrscheine und Sparbücher. Nein, er kommt mit seiner Frau in Konrad Wagners Wohnung, um am Heiligen Abend Geschenke zu bringen. Der für Recht und Ordnung eintretende Politiker hat eine wechselvolle und nicht unumstrittene Laufbahn hinter sich. In den Anfängen der jungen Republik ist er bereits Wiener Polizeipräsident. Am 21. Juni 1921 ermöglicht ein Kompromiß der Christlichsozialen mit der Großdeutschen Partei seine Bestellung als Bundeskanzler und Außenminister. Schobers damalige politische Einstellung vereinigt monarchistische mit deutschnationalen Elementen. Im April 1922 wird er auf dem Weg zur Konferenz von Rapallo eben von jenen gestürzt, deren Kompromißkandidat er gewesen ist: den Großdeutschen und den Christlichsozialen. Er übernimmt wieder das Amt des Polizeipräsidenten von Wien und wird 1927 von den Arbeiterführern für das harte Durchgreifen der Polizei bei den Demonstrationen und dem Brand des Justizpalastes verantwortlich gemacht. Karl Kraus fordert Schober öffentlich heraus. Im Wiener Wirtschafts- und Gesellschaftsmuseum ist heute noch das Plakat zu sehen, das Kraus auf seine Kosten drucken und affichieren ließ: »An den Polizeipräsidenten von Wien Johann Schober. Ich fordere Sie auf, abzutreten.« Das Museum beherbergt auch das Gegenplakat, das der »Goldfüllfeder–König« in Auftrag

Jung und verliebt

Ein Lächeln für Chengrong

gab, in dem er, der anderen Reichshälfte aus der Seele sprechend, Schober auffordert, nicht zurückzutreten. 1929 wird Schober wieder von einer Koalition verschiedener politischer Lager in das Amt des Bundeskanzlers berufen. Angesichts der von den USA ausgehenden Weltwirtschaftskrise zeigt sich Schober gegenüber der Sozialdemokratie gesprächsbereit. Den rechten Kräften in Österreich ist er zu nachgiebig und sie stürzen ihn im September 1930. Bei den darauffolgenden Wahlen, vor denen er von Großdeutschen und Landbund unterstützt wird, wirbt Schober mit Parolen von Ruhe und Ordnung. Er wird Vizekanzler und wieder Außenminister, ein Amt, das er auch in der darauffolgenden Regierung behält. 1932 stirbt Schober. Sein Tod trägt zur Destabilisierung der politischen Szenerie in Österreich bei.

Der damalige Innenminister der Provinz Zhejiang, Zhu Jiahua, damals noch fortschrittlich gesinnt und den Reformen Sun Yatsens verbunden, hat Ende der zwanziger Jahre für chinesische »Einsprengsel« in der Laufbahn Schobers gesorgt. Am 17. Januar 1928 – Schober ist damals Polizeipräsident – schreibt Zhu Jiahua dem österreichischen Bundeskanzler Dr. Ignaz Seipel unter anderem folgende Zeilen:

»Die Regierung der Provinz Zhejiang hat seit 1927 Schritte unternommen, um den inneren Dienst hier zu reorganisieren ... Die Regierung möchte ... die Mitarbeit Österreichs in Anspruch nehmen, um so mehr, als der Unterzeichnete Österreichs Land und Volk gut kennt und schätzt. Sie will für ihre Aufbauarbeiten wenn möglich recht viele Österreicher heranziehen, seien es Ingenieure, Wissenschaftler oder sonstige Fachleute sowie Instruktoren für die Landespolizei.«

Am 22. April 1929 schreibt er wieder an Bundeskanzler Seipel und ersucht um Entsendung eines persönlichen Beraters für die inneren Angelegenheiten der Provinz Zhejiang. Schober hilft als Polizeipräsident und später als

Bundeskanzler mit, daß drei österreichische Fachkräfte aus dem Bereich des Polizeiwesens mit Dreijahreskontrakten nach Zhejiang kommen. Als Vizekanzler und Außenminister hilft er darüber hinaus zehn jungen chinesischen Polizeioffizieren eine Ausbildung in Wien anzutreten, das damals nach chinesischer Ansicht über die beste Polizei der Welt verfügt.

Im Januar 1931 kommen die fremdländischen Gäste am Wiener Ostbahnhof an. Unter den neugierigen Blicken der Passanten wird ihr Gepäck in einen Schulwagen der Polizei verladen: Holzkoffer, strohgeflochtene Taschen, ein Grammophon und ein großer Korb mit blauen chinesischen Polizeikappen. Alle Wiener Boulevardzeitungen melden das denkwürdige Ereignis. Die Wiener Mittagszeitung vom 24. Januar bringt Karikaturen, welche einen Chinesen zeigen, der nach Art des Calafatti am Michaelerplatz den Verkehr regelt und einen anderen, der einen Betrunkenen mit der Arie »Dein ist mein ganzes Herz« aus der gerade Furore machenden Operette »Land des Lächelns« festnimmt. Das »Land des Lächelns« sollte für Gertrude Wagner später noch eine besondere Bedeutung gewinnen, und auch der Umstand, daß die jungen Chinesen in der Marokkanerkaserne in ihrer unmittelbaren Nachbarschaft Quartier beziehen. Einer davon ist Du Chengrong, ein gut aussehender junger Mann aus Hucang, einem Dorf in der Nähe der alten Kulturstadt Dongyang, welche wegen ihres Kunsthandwerks im ganzen Land berühmt ist. Chengrong kommt aus einer alten Familie seines Dorfes.

Hucang hat eine Geschichte von mehr als 800 Jahren. Zuerst kam eine Familie Wang aus Taiyuan in diese Gegend nördlich des Dongyangflusses, wo 10 Arten von Feldfrüchten vortrefflich gedeihen. Auch heute noch tragen 75% der Dorfbewohner den Familiennamen Wang. Dus Familie übersiedelte in den dreißiger Jahren des 18. Jahrhunderts von der in Zhejiang gelegenen Stadt Wuning nach Hucang. Sie waren kleine Gutsbesitzer und folgten überdies der langen Bildungstradition, für welche die Gegend um Dongyang berühmt ist. Schon vor mehr als 1000 Jahren hat in der nahen Kreisstadt Dongyang ein gewisser Guo Qinzhi eine Akademie gegründet und zu ihrem Unterhalt Felder gestiftet. Außerdem spendete er seine eigene Bibliothek. Ende des 12. Jahrhunderts setzt Wu Chongfu mit seiner hochgebildeten Frau diese Tradition fort. Seine Frau gibt Unterricht und hat bis zu 500 Schüler. 1269 wird in Dongyang Xu Qian geboren, der seinen Vater früh verliert. Seine Mutter liest mit ihm die Gespräche des Konfuzius und die anderen klassischen Schriften. Sein Fleiß bringt ihm einen hohen Beamtenposten. Später kehrt er wegen einer Augenkrankheit heim und nimmt Schüler an, die er in so verschiedenen Disziplinen wie Astronomie, Geographie, Naturkunde, Rechtswissenschaft oder Medizin unterweist. Der Herr »Weiße Wolke«, wie er genannt wird, ist 40 Jahre lang ein leuchtendes Beispiel für die anderen Gelehrten. Acht von ihm verfaßte Bücher werden in die Ausgabe der Klassiker aufgenommen.

Die Gelehrtentradition der Region wird im Laufe der Zeit wegen der Knappheit an Boden immer wichtiger. Auch die Familie Du bringt erfolgreiche Absolventen der amtlichen Staatsprüfung hervor. Davon künden die Ehrenpfähle zur Seite des Eingangs ihres Gehöfts. Der Vater Du Chengrongs ist ebenfalls ein hochgebildeter Mann. Er ist Sippenältester von fast 200 Personen. Als Ältester der Hauptlinie der Familie wird er von den anderen »Da Bobo«, das heißt großer Onkel, genannt. Er vertraut weniger auf die Einkünfte aus dem geschrumpften Grundbesitz, sondern eignet sich über das literarische Wissen hinaus, welches man in der Mandschudynastie erwerben kann, hervorragende medizinische Kenntnisse an. Er ist ein weithin berühmter chinesischer Arzt und Mitglied des Gemeinderates. Der Ehe entstammen 4 Söhne und eine

Tochter, von welchen Du Chengrong der älteste ist. Mit den klassischen Studien, denen der Vater noch nachgehen konnte, ist es zur Zeit von Du Chengrong vorbei.

Die dichtbevölkerte chinesische Provinz Zhejiang braucht dringend Polizeioffiziere. In der Provinzhauptstadt Hangzhou bietet eine Polizeiakademie ihren Absolventen Ausbildung und die Aussicht auf eine Stellung im Staatsdienst. Du Chengrong entschließt sich diese Chance zu ergreifen, da die Mittel des Vaters für die Erhaltung der großen Familie kaum reichen. Der Dienst, den er sich ausgesucht hat, ist kein leichter. Regierungsrat Dr. Muck, der über Vermittlung Dr. Schobers nach Zhejiang gekommen ist, zeichnet davon in seinem am 17. März 1930 an die Wiener Polizeidirektion gerichteten Brief ein lebhaftes Bild.

»Die polizeilichen Verhältnisse, die ich hier vorfand und die so wie in jedem anderen Lande innig verknüpft sind mit den politischen und staatlichen Zuständen, waren sehr schwer zu verstehen. Was ich aus eigener Wahrnehmung beurteilen konnte, schien mir überhaupt trostlos... Es kommt noch dazu, daß die Polizeifunktionäre, die doch alle Butter auf dem Kopfe haben, in der Beantwortung der informativen Fragen sehr zurückhaltend waren... In der Zwischenzeit war ich zur Erkenntnis gekommen, daß nicht so sehr polizeiliche Reformen als grundlegende Einrichtungen nottun, um die Polizei auf ein höheres Niveau zu bringen. Da ist vor allem die Gehaltsfrage. So ein Polizist bekommt im Durchschnitt ein Gehalt von etwa zehn mexikanischen Dollars monatlich, beim heutigen Kurs kaum 25 S. Davon muß er auch seinen Lebensunterhalt bestreiten. Bei erster bester Gelegenheit wird er davongejagt, monatelang kann er oft auch auf diesen kärglichen Sold warten. Die Krankenversorgung besteht darin, daß dem erkrankten Mann das Gehalt für die Zeit seiner Abwesenheit gestrichen wird... Monatelang brauchte ich, bis ich diese Entdeckung machte. Aber noch andere

Sachen fand ich nur mühevoll heraus. So zum Beispiel, daß der Mann Tag und Nacht das ganze Jahr im Dienst steht, daß die Pritsche im ›Zelt‹, das etwa dem Wachzimmer entspricht, sein ständiges Quartier ist, daß der Verheiratete einen Urlaub braucht, um zu seiner Frau zu gehen, daß es nichts gibt wie eine Pension, daß die Vorschriften über die Abfertigung zwar bestehen, aber nicht gehandhabt werden usw. usw.«

Dr. Muck ist auch der Prüfer, bei dem Du mit circa 200 Bewerbern für ein Stipendium nach Wien antritt. Die von Dr. Muck geschilderten Umstände belasten ihn. Er möchte mehr Wissen erwerben als ihm seine Provinz zu jener Zeit anbieten kann. Wegen der beschränkten finanziellen Möglichkeiten seiner Familie ist an ein selbstfinanziertes Studium im Ausland nicht zu denken. Mit umso größerem Interesse liest er die Bekanntmachungen über Stipendien. Es gäbe ein Möglichkeit, sich für Japan zu bewerben, doch dort müßte er die Hälfte der Kosten übernehmen. Die von Zhu Jiahua befürwortete und daher auch besonders geförderte Ausbildung in Österreich ist hingegen kostenlos. Du versenkt sich in die Bücher und lernt so fleißig, daß er die Prüfung als Bester der 200 Kandidaten besteht.

Als er im Januar 1931 in Wien ankommt, stört ihn die Kälte nicht, denn auch in seiner Heimat fällt trotz ihrer südlichen Lage im Winter die Temperatur auf wenige Grade über und sogar manchmal unter den Gefrierpunkt. Als angenehm empfindet er die mit Kohlen befeuerten Öfen in der Marokkanerkaserne. Daheim im 300jährigen Gehöft, dessen kunstvoll geschnitzte Fenster bloß mit Papier beklebt sind, gibt es als einzige Wärmequelle den Küchenherd, und der wird mit Stroh geheizt. Schnee fällt allerdings in Hucang nur ein bis zwei Mal im Jahr, und auch dann bleibt er kaum liegen. Chengrong und seine Kameraden bewundern daher die weiße Pracht, welche nicht nur niederfällt, sondern ganz Wien in eine dauerhafte Hülle kleidet, die wochenlang nicht schmilzt. An ihren freien Tagen gehen die chinesischen Polizisten in den Stadtpark, können sich an den weiß überzuckerten Bäumen und Büschen nicht sattsehen und blicken ehrfurchtsvoll hoch zum Denkmal von Johann Strauß, dessen Musik auch in China allerorts von Militär- und Polizeikapellen gespielt wird. Der Weg von der Marokkanerkaserne zum Stadtpark führt vorbei am Wiener Eislaufverein, wo die Schlittschuhläufer im Takt der Melodien des Walzerkönigs ihre Bahnen ziehen. Du Chengrong bleibt dort immer wieder stehen und schaut dem vergnügten Treiben zu. Er nimmt sich vor, im kommenden Winter selbst einer jener zu sein, die sich auf der Eisfläche tummeln. Vorerst warten andere Aufgaben auf ihn. Er lernt, sich mit aufgepflanztem Bajonett zu verteidigen und Polizeigriffe. Vor allem aber sitzt er in den Klassenräumen der Kaserne, Lehrer der Schulungsabteilung unterweisen ihn in Fächern wie Organisation der Bundespolizeiwache, Instruktion, Organisation und Wirkungskreis der Bundespolizei und sonstiger Behörden, Staatsrecht und österreichische Verfassung, Strafrecht und Strafprozess, Gewerberecht, Verkehrs- und Meldewesen, Kriminalwissenschaft. Der für einen Bewohner Zhejiangs erstaunlich kühle Sommer bringt einen Kursus im Zillenfahren, welcher von den chinesischen Gästen, deren Heimat von vielen Flüssen und Kanälen durchzogen ist, mit Anstand gemeistert wird. Der Sommer bietet auch Besuche in der Polizeischwimmschule.

Dann kommt der Herbst und schließlich der Winter, und Du Chengrong verwirklicht seinen Vorsatz, sich selbst auf dem Eise des Wiener Eislaufvereines zu versuchen. Unsicher macht er die ersten Schritte und landet bald auf allen Vieren. Auch sein nächster Versuch scheitert nach einigen Metern. Einige Burschen und Mädchen kichern über das Ungeschick des exotischen Gastes. Da kommt ein Mädchen mit strahlend blauen Augen, das schon vorher mit wehendem Blondhaar und langem Schal an ihm vorübergeflitzt ist. Sie will ihm aufhelfen. Zuerst will er das Angebot nicht so recht annehmen. Ist es nicht für einen 24jährigen Polizeioffizier ein Gesichtsverlust, sich von einem Mädchen, das noch dazu offensichtlich viel jünger ist, aufhelfen zu lassen? Doch Gertrudes Lächeln strahlt Wärme aus, und ihre Fröhlichkeit überwindet seine Vorbehalte. Wo er her ist, möchte sie wissen und ob er zu den chinesischen Polizisten gehört, die bei ihnen drüben in der Marokkanerkaserne wohnen. Du kramt das Deutsch zusammen, das er in China und während des letzten Jahres in Wien gelernt hat. Gertrude bietet an, ihm zu zeigen, wie das Eislaufen geht. Mit der Routine, die sie in etlichen Wintern auf dem Schulhof, auf den Plätzen in Erdberg und Landstraße sowie am Heustadelwasser erworben hat, zeigt sie ihm, wie man die Schritte setzen und Gleichgewicht halten muß. Sie führt ihn, und trotz der Handschuhe an ihren Händen springt ein Funke über. Du möchte dieses offene heitere Mädchen wiedertreffen, und auch ihr liegt an einem Wiedersehen. Der Blick aus den glänzenden dunklen Augen läßt sie nicht los, und so trifft man sich wieder am Heumarkt beim Eislaufverein.

Gertrude ist wißbegierig. Sie möchte mehr von seiner Heimat wissen, von seinen Menschen und ihrer Geschichte. Da ist sie bei Chengrong an den richtigen geraten. Er hat sich immer schon für die alten Geschichten und damit verbundene Bräuche begeistert und wird nicht müde, davon zu erzählen: Von der schönen Stadt Hangzhou, wo er seine Ausbildung absolviert hat, weiß er zu berichten, von den Pirolen, die in den Weidenbäumen am berühmten Westsee sitzen, von den chinesischen Dichtern, welche diese schöne Landschaft besungen haben. Er spricht von der zerbrochenen Brücke, auf der die Weiße Schlangenfee zum ersten Mal ihren Geliebten getroffen hat – Geschöpfe aus zwei verschiedenen Welten, so wie er und Gertrude. Beim Klassentreffen im Sommer 1933 erzählt sie den früheren Mitschülerinnen begeistert von ihrem chinesischen Freund, der ihr das Fenster in eine exotische Ferne aufgetan hat.

Weniger begeistert ist ihre Familie, als sie von dem fernöstlichen Verehrer erfährt. Der Vater ist laut dagegen, die Brüder skeptisch und die Mutter besorgt. Doch die beiden wollen nicht voneinander lassen. Chengrong hat in diesem Jahr den theoretischen Teil der Schulung abgeschlossen und wird zum Polizeiwachdienst und auch der Gendarmerie in Niederösterreich zugeteilt. Dabei begleitet ihn ein Bild von Gertrude, aufgenommen am 5. März auf der Brücke, die bei der Urania über den Wienfluß führt. Gertrude hat eine dunkle mit künstlichem Pelz verbrämte Jacke an, die ihr gut steht, und einen langen unten gefälteten Rock. Sie trägt Stöckelschuhe. Das blonde Haar wird nur zur Hälfte von einer Pullmannkappe bedeckt. Sie wirkt erwachsener, als sie nach Jahren zählt.

Im Dezember 1933 ist für Chengrong der Dienst in Wien zu Ende, und er muß die weite Heimreise antreten. Zur Besiegelung ihrer Absichten, für immer zusammenzubleiben, gehen sie kurz vor Chengrongs Abreise in Lehars »Land des Lächelns«, welches am 26. September 1930 zur Feier des sechzigsten Geburtstags des Komponisten zum ersten Mal im Theater an der Wien gegeben worden ist. Die Operette macht Furore, und ihre Arien sind bald in jedermanns Munde. Richard Tauber wird als Prinz Su Chong mit »Dein ist mein ganzes Herz« weltberühmt. Daß es im Stück für die chinesisch-österreichische Ehe kein Happy End gibt, stört die beiden nicht. Sie wollen es besser machen und wissen dabei nicht, daß eine jener Ehen, welche dem Libretto als Grundlage dienten, in Wahrheit gehalten hat. Die Textdichter hatten ihren Text aus wahren Begebenheiten zusammengemixt: der Heirat des chinesischen kaiserlichen Gesandten in Paris mit einer Französin und der Verehelichung des ersten Sekretärs der chinesischen Gesandtschaft in Wien mit der Tochter eines kleinen Eisenbahnbeamten. Beides hat Ende des 19. Jahrhunderts tatsächlich stattgefunden und ging durch die Lokalpresse. Während der Prinz parallel zu seiner Französin wahrhaftig mit mehreren chinesischen Damen verheiratet war, und die Ehe tragisch verlief, waren die beiden Partner der chinesisch-österreichischen Verbindung einander auch in China in Liebe zugetan. Selbst als die Familie ihres Mannes bei Hof in Ungnade fällt und verarmt, steht seine Frau treu zu ihm und ihrem Kind und lehnt Angebote österreichischer Seeoffiziere, die nach Fuzhou kommen, sie zu repatriieren, energisch ab – ein Vorgang, der sich unter anderen Vorzeichen hinsichtlich Frau Wagners und ihrer Kinder wiederholen soll.

Doch vorerst fehlen Feuerproben dieser Art, welche die Liebe der beiden bestehen muß. Die wahre Prüfung, welche Gertrude jetzt zu bestehen hat, ist die Haltung ihrer Eltern, denn sie ist noch minderjährig, und zu Ausreise und Heirat muß der gestrenge Vater seine Einwilligung geben. Sie klammert sich an die Briefe, die Chengrong aus China schickt. Auch ein Paket kommt mit Seide und einem Fächer. Im Juli geht es wieder in das Polizeierholungsheim nach Mistelbach. Herbert, der älteste der Brüder, kommt mit dem Rad aus Wien, und es wird ein Familienphoto gemacht. Die Buben lachen in die Kamera, doch die Eltern und die in ihrem Seidenkleid etwas abseits stehende Gertrude blicken ernst. Kurz vorher auf dem jährlichen Schulfest hat sie mit ihren Heiratsabsichten bei ihrer Freundin Theresia und den anderen eine Sensation ausgelöst. Aber die Mehrheit ihrer Klassenkolleginnen rät ihr ab. »Du wirst das nicht durchhalten!« sagt man ihr oder »Was ist, wenn Du in China ankommst, und Dein Bräutigam ist nicht da?« oder »Ein so großes Risiko in ein so entferntes Land zu heiraten, solltest Du nicht eingehen!«. Doch Gertrude hat ihnen darauf nur geantwortet, es sei ihre große Liebe und ihr großes Glück.

Daheim hat Chengrong ebenfalls Überzeugungsarbeit zu leisten. Sich die Braut selbst auszusuchen ist in Hucang zu jener Zeit gar nicht üblich. Das ist traditionell Sache der Eltern, welche dabei den Grundsatz »men dang hu dui« beobachten. Das heißt »korrektes Tor« und »passende Familie«. Besitzstand und Familienhintergrund sind abzuwägen und selbst wenn das zufriedenstellend erscheint, müssen die Jahrestiere des chinesischen Mondkalenders einander entsprechen. So heißt es, daß zwischen Hahn und Hase keine Harmonie herrschen kann, daß Drache und Tiger kämpfen, und sich zwei Hunde um den Knochen streiten. Daran schließen sich wiederum komplizierte Zeremonien, bei denen die Familien und nicht die einzelnen Heiratswilligen die wichtigste Rolle spielen. Die Familie des Mannes muß einen Glückstag für ein erstes Treffen auswählen. Nachher werden die Reaktionen der Sippe durch die Übersendung von Eiern ausgedrückt. Wenn der Brautfamilie der Bräutigam zusagt, dann laden sie dazu ein, gekochte Eier zu essen. Das ganze Ei symbolisiert die künftige Vereinigung. Ist man mit dem Bräutigam nicht zufrieden, so gibt es Spiegeleier. Wenn die Familie des Bräutigams einverstanden ist, dann ißt sie zwei Eier, hat sie noch nicht entschieden, bloß ein Ei, und wenn überhaupt keine Aussicht besteht, so werden die Eier gar nicht angerührt. Signalisiert der Eiercode beiderseitige Zustimmung, dann geht die Familie des Mannes zum Geomanten. Der schreibt einen Glückstag auf rotes Papier, welches dann vom Heiratsvermittler mit einem beiliegenden Geldgeschenk zur Brautfamilie gebracht wird. Zur Verlobung werden Einladungskarten mit den Daten des Mannes und solche mit den Daten der Frau hergestellt, und beide Karten mit Geschenken an die Familie der Braut übersandt. Die muß die Heiratsvermittler zum Essen einladen und ihrerseits der Familie des Bräutigams Präsente schicken. Die Karte mit den Daten der Braut bringt der Heiratsvermittler der Familie des Mannes zurück. Dann wird vom Geomanten ein Hochzeitstag bestimmt, das

Mit der Familie in Mistelbach
einige Monate vor dem Abschied

Vor der Abreise: mit chinesischer Frisur
und dem übersandten Fächer des Geliebten

Datum auf rotes Papier geschrieben und der Terminvorschlag mit weiteren Geschenken der Familie der Braut übermittelt. Ist diese nicht einverstanden, so kann man sich auf einen weiteren Glückstag einigen. Erst dann darf zur Hochzeit geschritten werden!

Chengrong unternimmt das Wagnis, all diese ehernen Gesetze, welche in Hucang den Weg zu einer Hochzeit markieren, zu ignorieren und seinen Vater darüber hinaus um das Unerhörte zu bitten, nämlich zur Heirat mit einer Ausländerin sein Einverständnis zu geben. Immerhin, Chengrong kennt seinen Vater, der ein hervorragender Arzt und gebildeter Mann, aber als Mann der Naturwissenschaft kein verknöcherter konfuzianischer Gelehrter ist, und er hat sich nicht verrechnet. Nach einigem Zögern gibt der Vater als Familienoberhaupt und Sippenältester die Einwilligung, die nun von anderen nicht mehr angefochten werden kann.

Nun schickt Chengrong Geld für Gertrudes Schiffspassage nach Wien, und es ist jetzt an der österreichischen Familie, sich der ungewohnten Situation zu stellen. Der Vater lehnt nach wie vor strikt ab, daß seine einzige Tochter nach China geht, und ohne seine Unterschrift darf sie nicht abreisen. Mutters Haltung ist versöhnlicher. Wenn es wirklich das Glück des Mädels ist, so will sie nicht im Weg stehen. Doch sie allein kann den Vater nicht umstimmen. Es bedarf des Besuches eines höheren Polizeibeamten, der Chengrong von seiner Arbeit als Ausbildner her kennt. Er erklärt dem erzürnten Vater, daß er selbst zwei Töchter habe, aber jede von ihnen ohne Zögern Herrn Du Chengrong zur Frau geben würde. Konrad Wagner läßt sich umstimmen. Vor der Abreise schärft er der Tochter noch ein, falls ihr Bräutigam bei der Ankunft in Shanghai nicht auf sie warte, so möge sie sich sofort an das österreichische Konsulat wenden und mit dessen Hilfe die nächste Passage zurück buchen. Das Geld dafür werde er schon auftreiben.

Gertrude hilft auf ihre Weise nach und läßt sich vom Kurzwarengeschäft, wo sie Verkäuferin ist, kündigen. Der Vater trägt ihr auf, sofort wieder Arbeit zu suchen, doch in Wirklichkeit sitzt sie im Park. »Arbeit hab ich keine, von seinem Lehrer hört er nur Gutes, so ist der Vater mit der Zeit nachgiebig geworden. Mutter hat auch geholfen.« So schildert sie es später.

Im Dezember 1934 wird Gertrude von der besorgten Familie in den Zug nach Triest gesetzt und besteigt dort ein Schiff des Lloyd Triestino, die »Conte Rosso«. Vor der Abreise steckt ihr die Mutter noch rasch einen Teil des Familienschmuckes ein. Die Passagiere sind herzlich zu dem hübschen achtzehnjährigen Mädchen, das da mutterseelenallein die Fahrt nach Shanghai wagt. Vor einem Rettungsring des Dampfers läßt sie sich photographieren, und die Vorfreude auf das Wiedersehen lacht ihr aus Mund und Augen. Rettungsringe wie das vom Vater angesprochene österreichische Konsulat wird sie nicht brauchen, das weiß sie. Freudig erregt ist sie und nicht beklommen, als sich die Bugwelle der »Conte Rosso« gelb zu färben beginnt. Sie hört von den Matrosen, daß Shanghai nicht mehr weit ist. Ihre einzige Sorge ist, ob Chengrong ihr Telegramm aus Hongkong erhalten hat. Das Schiff fährt langsam und tutend den Huangpu hinauf und muß sich seinen Weg durch tausende kleiner Dschunken und Sampans bahnen. Die majestätische Silhouette der Prachtgebäude am Bund taucht auf. Die Ankerketten rasseln. Gertrude versucht im Menschengewimmel der Wartenden und Lastenträger den einen zu finden, dem ihr ganzes Herz gehört. Endlich entdeckt sie ihn in der Menge. Auch er hat sie gesehen und winkt. Schnell läuft sie die Gangway hinunter und liegt in seinen ausgebreiteten Armen. Noch im Hafen schreibt Gertrude sofort eine Karte an die Familie in Wien. Chengrong setzt seinen Namen darunter.

KOTAU VOR DEM HIMMEL- UND ERDETISCH

Während sie ins Hotel fahren sagt er ihr, daß sie am Abend von einigen seiner Kollegen in die Oper eingeladen seien. »Fein«, sagt sie. Was dann am Abend kommt, hat allerdings mit dem, was sie unter Oper versteht, wenig zu tun. Mit solch lauten Instrumenten und schrillen Gesängen hat sie nicht gerechnet. Bald brummt ihr der Kopf. Immerhin ergötzt sie sich an den prächtigen Kostümen, und da man im Gegensatz zur Oper in Wien ungeniert miteinander reden kann, erklärt ihr Chengrong die einzelnen Charaktere. Es handelt sich um ein Stück über die Zeit der Drei Reiche, in dem König Liu Bei und der treue, später zum Kriegsgott erhobene General Guan Yu vorkommen. Am nächsten Abend schauen sich die wiedervereinten Liebenden den Film »Kleopatra« an, und danach geben die Freunde Chengrongs ein großartiges Bankett. Doch Chengrong hat auch eine soziale Ader, und er zeigt seiner Braut nicht nur den Prunk Shanghais, sondern auch die Armenviertel, deren Anblick Gertrude tief erschüttert. Ein solches Elend hat sie in Wien selbst zum Höhepunkt der Weltwirtschaftskrise nie gesehen. Noch in Shanghai erzählt ihr Chengrong, daß er gemeinsam mit Hua Qichang, der mit ihm in Wien gewesen ist, in Hangzhou ein Einfamilienhaus gemietet hat. Huas Frau Jenny ist ebenfalls Österreicherin. Bei der Hochzeit in Wien hat sich Hua durch den Bruder der Braut vertreten lassen. Gertrude und Chengrong sollen das Untergeschoß und die Huas den ersten Stock bewohnen. Auf die Weise hätten die beiden Frauen in der ungewohnten Umgebung Gesellschaft.

Nach drei Tagen Shanghai nehmen sie den Zug nach Hangzhou. Das Haus gefällt der jungen Braut sehr. Man braucht nur ums Eck zu gehen und ist am Westsee. Gertrude kann nun mit eigenen Augen sehen, wovon ihr

Chengrong in Wien vorgeschwärmt hat: die mit alten Pavillons geschmückten Inselchen, ihre Brücken und Wandelgänge, die Laternen im See, durch welche sich der Mond neun Mal spiegelt oder den Tempel des loyalen Song-Generals Yue Fei, Vorbild eines jeden chinesischen Patrioten, wo die Besucher noch nach so vielen Jahrhunderten die Statuen seiner Verräter schlagen und bespucken.

Für die Eheschließung wählen die Brautleute das westliche Xinxin (»Doppel-Neu«) Hotel, einen von zwei Türmchen gekrönten Jugendstilbau. Von dort kann man den Westsee sehen, auf den beide Brautleute gerne blicken. Die Hochzeit findet am 24. Februar statt. Aus Gertrude Wagner wird Hua Zhiping. Der Vater von Chengrong kommt aus Hucang, um daran teilzunehmen. Er bringt für Sohn und Schwiegertochter einige der im ganzen Land berühmten Dongyang Schinken mit und, da es die Zeit des Mondneujahrs ist, auch Dongmitang, eine Mischung aus Bohnen, Erdnüssen, schwarzem Sesam und Zucker.

Gertrude und der Schwiegervater haben keine Berührungsängste und verstehen sich bald recht gut. Der mag das Mädel aus dem fernen Österreich. Hat bloß die einzige Befürchtung, sie könnte mit den veränderten Lebensumständen nicht fertig werden. Nach zwei Tagen fährt er wieder heim ins Dorf, um dort für die beiden ein traditionelles Hochzeitsfest auszurichten. Chengrong und Gertrude geben ihm die Geschenke mit. Rote Seide ist darunter, Silbertäfelchen und Rollbilder. In der darauffolgenden Woche treten die beiden mit Geschenken an Chengrongs Eltern und Geschwister die damals langwierige Reise in das Dorf Hucang an. Zuerst fahren sie mit der Eisenbahn nach Yiwu, dann mit Rikschas in die Kreisstadt Dongyang, zu deren Verwaltungsbezirk Dus Heimatdorf Hucang gehört. Die Stadt hat eine lange Geschichte von 1800 Jahren. Gelegen zwischen den »singenden Bergen und malerischen Wassern« ist diese Stadt der »hundert Ärzte und tausend Professoren« vor allem auch eine Stadt der begnadeten Baumeister, Zimmerleute und Holzschnitzer. Als sie in Dongyang Rast machen, grüßen von den Dachgiebeln und Stützträgern der alten Häuser Legionen von Glücksgöttern herunter. Die Meisterschaft ihrer Schnitzer hat ihnen ein lebhaftes Mienenspiel verliehen, und es scheint, als wünschten der hochstirnige Gott des langen Lebens, der prächtig gekleidete Reichtumsgott oder der vornehme Himmelsbeamte dem Paar viel Glück für seinen weiteren Weg. Der unmittelbar bevorstehende Weiterweg sollte nach der Tradition eigentlich mit Sänften zurückgelegt werden. Die lokale Tradition ist nicht ohne Verständnis für romantische Liebe, wie einige überlieferte Verse beweisen. So etwa das Bärlauchlied:

»Die ältere Schwester schneidet Bärlauch im Garten.
Ein hübscher junger Gelehrter kommt vorbei.
Du kannst von mir Bärlauch haben.
Willst Du romantisch sein, so komm herüber.
Er hat nicht einen halben Batzen
Und fürchtet die ältere Schwester öffnet nicht.
Ich liebe nicht Geld und Besitz.
Du brauchst kein Geld, um mich als Schatz zu kaufen.
Öffne die Tür, öffne die Tür!
Du hast Gefühl und ich mein Herz.
Es gibt keine Angst vor bronzener Mauer und Eisentür.
So tief empfindende Liebende
Können nicht getrennt werden.«

Daß aber auf die junge Frau Familienverpflichtungen warten, verraten die ebenfalls in der Gegend heimischen Verse von der Spatzenbraut:

»Spatzenbraut, Spatzenbraut
Bonbons und weißer Reis werden der Braut gegeben.

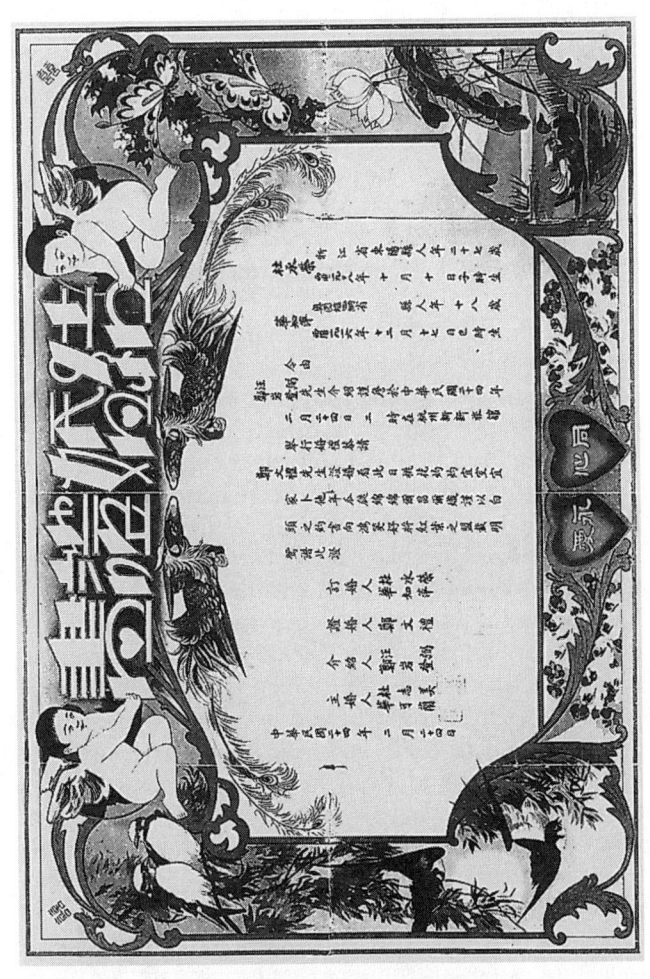

Heiratsurkunde Gertrude Wagners und Du Chengrongs
in den beiden Herzen von rechts nach links zu lesen:
eines Herzens und ewige Liebe

Wenn die Braut am 13. August kommt,
Was wird sie da mitbringen?
Eine Schachtel mit Mantou
Und eine Schachtel mit Hongyangmei.*
Sie gibt das der Frau des ältesten Bruders
Und schlägt den Gong in der Haupthalle.
Sie gibt Meihuajie.**
Im ersten Stock macht sie die Schuhsohlen
Und stickt hinein einen kleinen roten Bruder.«

Das heißt, daß die Braut nicht nur ihren Bräutigam sondern mit ihm die ganze Sippe heiratet. Streng nach Brauch müßte Gertrude von ihrem älteren Bruder und einer, drei oder fünf Frauen begleitet werden, sodaß es mit der Braut eine gerade Zahl ergibt. Laternen wären voranzutragen und eine ganze Gruppe junger Leute hätte immer wieder Knallkörper zu entzünden. Wegen der ungewohnt weiten Anreise muß das Protokoll abgeändert werden. Die beiden sportlichen Brautleute wollen auch lieber zu Fuß gehen. Erst kurz bevor das Dorf in Sicht kommt, setzen sie sich in die Sänften, um den Vater Chengrongs nicht zu enttäuschen. Peitschenfeuerwerke werden jetzt abgebrannt. Sie steigen aus den Tragsesseln und betreten die Haupthalle des Gehöftes, jene Halle, in der die Ahnentäfelchen stehen und Hochzeiten und Begräbnisse ausgerichtet. werden. Draußen am Tor hängen Taschen aus rotem Tuch. Das »Dai« von »koudai« = »Tasche« wird gleich wie das »Dai« von »chuandai« = »eine neue Generation ins Haus bringen« ausgesprochen. Den Ahnen gilt es zuerst Respekt zu bezeugen. Vor ihren Seelentäfelchen verrichten Chengrong und seine ausländische Braut zuerst ihre Kotaus. Ebenfalls auf dem Himmel- und Erdetisch stehen die Opfergeräte, welche von Generation zu Generation wei-

* Gagel- oder Wachsbeeren
** Stickerei in Form der Winterkirschblüten

tergegeben werden. Dann folgen die Kotaus vor dem Vater und der Stiefmutter Chengrongs, und schließlich verneigt sich das junge Paar voreinander. An die Festgäste werden dabei als Symbol künftiger Fruchtbarkeit Erdnüsse verteilt. Danach hätte sich gemäß dem Brauch Gertrude mit den Brautjungfern in das Schlafzimmer zurückziehen müssen. Das Bankett ist von der Sitte her dem Bräutigam vorbehalten, der an jedem Tisch mit den Gästen trinkt und ihnen für das Kommen dankt. Der Tradition nach gibt es beim Hochzeitsbankett sechs oder acht kalte und zwölf warme Gerichte. Dazu gehören Schwein, Rind, Hund, Huhn, Lamm, Fischgelee, Schweinszunge, Quallen, Rotdornpudding, Achtschätzereis und, wieder wegen der Fruchtbarkeitssymbolik, Lotoswurzeln und Erdnüsse.

Doch Chengrongs Vater macht der fernen Herkunft der Braut Konzessionen und lädt beide zum üppigen Essen ein, das an vielen Tischen in der Haupthalle serviert wird. Alles, was im Dorf Rang und Namen hat, kommt zu diesem Abendbankett. Gertrude gehen vor so vielen Speisen die Augen über. Von der Wiener Hausmannskost zu den chinesischen Delikatessen ist der Sprung ziemlich groß, und so gibt ihr Chengrong den Rat, sie möge einfach das essen, von dem sie glaubt, daß es ihr schmeckt. Er ist schon zu lange weg von daheim, um zu wissen, daß er damit seine Frau in Verlegenheit bringen könnte. Gertrude schaut lange umher und greift dann nach Mantou, runden Dämpfbroten aus Germteig, die den böhmischen Germknödeln ihrer Mutter auch im Geschmack ähneln. Dazu müßte das gesalzene Fleisch passen. Sie meint damit ihre Verpflegungsprobleme elegant gelöst zu haben. Da legen zu ihrem Schrecken die Gäste ihre Eßstäbchen nieder und starren sie an. Erst später erfährt sie, daß der lokale Brauch der Braut streng verbietet, am Hochzeitstag Mantou zu essen. Sonst wird sie nach dem Volksglauben ein Leben lang mit ihrer Schwiegermutter streiten. Nur zögernd wenden sich die Ehrengäste wieder den Köstlichkeiten auf den Tischen zu. Ein anschwellendes Gemurmel verrät, daß der Frevel der Fremden gründlich beredet wird. Gertrude merkt, daß irgendetwas nicht stimmt und bedient sich daher mit anderen Gerichten, darunter ist Hühnerfleisch, von dem sie sorgfältig die Haut löst. Da legen die zur Hochzeit Geladenen zum zweiten Mal die Stäbchen nieder, und nach Minuten des Schweigens beginnt ein noch hektischeres Flüstern. Auch Chengrong hat nicht mehr gewußt, daß bei den zum Hochzeitsschmaus aufgetragenen Gerichten vier »kan-pan« – »Zum Anschauen Teller« – aufgetragen werden, von denen man nicht essen darf. Der Vater sieht das Malheur, ist nicht so bestürzt wie seine Gäste, sagt aber dann zu Sohn und Schwiegertochter: »Bedankt Euch bei den Gästen. Es ist vielleicht besser, wenn Ihr Euch jetzt in Euer Zimmer begebt.« Damit verhindert er eine weitere Bestürzung der Dörfler, welche ohnehin angesichts der gelbhaarigen fremdländischen Frau, welche noch dazu rotlackierte Fingernägel hat, die Welt nicht mehr verstehen. Immerhin hat sie einen verpönten kulinarischen Fehltritt nicht begangen: das Essen von Nüssen. Sonst würde ihr Kind mit keinem regen Verstand auf die Welt kommen. Sein Hirn wäre so hart wie der Kern einer Nuß.

Durch den frühen Abschied von den Gästen entfällt auch das landesübliche Necken der Brautleute in ihrem Schlafgemach. Der Braut Rätsel aufzugeben, wäre angesichts ihrer mangelnden Chinesischkenntnisse ohnehin sinnlos gewesen. Die zweite Frau des Vaters erweist sich weder als böse »hou-ma«, wörtlich »Hintere Mutter«, noch als schlimme Schwiegermutter. Als sie die Hände Gertrudes sieht, sagt sie zwar spontan: »Die sind ja wie Bohnenkäse. Mit so feinen Händen wird man nicht gut arbeiten können«, aber die beiden freunden sich in den darauffolgenden fünf Tagen miteinander an.

AUF DER FLUCHT VOR DEN JAPANERN

Der Dienst ruft Chengrong wieder nach Hangzhou. Dort wartet ein Telegramm mit der Versetzung nach Fuzhou, der Hauptstadt der noch südlicher liegenden Provinz Fukien (Fujian). »Unsere schöne Wohnung!« denkt Gertrude. Die liebevoll ausgesuchten Möbel können über eine so weite Strecke nicht mitgenommen werden. Chengrong verkauft oder verschenkt sie. Auch in Fuzhou gibt es einen Westsee, aber er gefällt Gertrude nicht so gut wie der in Hangzhou. Ansonsten bietet auch diese Stadt einen malerischen Anblick. In der Stadtmitte steht ein 86 Meter hoher Hügel, der von einer tausendjährigen Pagode bekrönt ist. Am Fuße eines anderen Hügels ragt die 41 Meter hohe Weiße Pagode empor. Steigt man von dort den Jadeberg hinauf, so hat man einen schönen Blick auf die Stadt mit ihren ehrwürdigen Tempeln und Pagoden. Die Dus müssen nun eine neue Wohnung suchen und einrichten. Diener und ein Dienstmädchen werden aufgenommen.

Du Chengrong ist ein anerkannter Experte für Polizeiwissenschaft. Er unterrichtet an nicht weniger als drei Polizeiakademien. Am Abend sitzt er über den Manuskripten von Lehrbüchern. Das verschafft ihm ein überdurchschnittliches Einkommen von etwa 400 Silberdollar im Monat. Da man bereits von 10 Dollar, wenn man sparsam ist, seinen Lebensunterhalt bestreiten kann, ist Chengrong in der Lage, seine Frau zu verwöhnen. Er kauft ihr teuren Schmuck und Goldbarren. Gertrude ist hier ohne die Ansprache von Jenny, der anderen mit einem Polizeioffizier verheirateten Österreicherin, die in Hangzhou geblieben ist. Sie weiß, daß sie sich mit den Frauen der Kollegen Chengrongs aber auch mit ihrem Koch, dem Diener und dem Dienstmädchen verständigen können muß. Sonst bleibt sie auf immer isoliert und hat auch Schwierigkeiten mit der Haushaltsführung. Sie lernt Chinesisch, unterstützt von ihrem Mann, der ihr geduldig die krausen chinesischen Schriftzeichen vormalt. Zu dieser Zeit ist ihr Glück vollkommen. Ihr in Wien geträumter Traum ist Wirklichkeit geworden. Chengrong kümmert sich mehr um sie, als dies gewöhnlich ein chinesischer Ehemann tut. Gerade im Süden Chinas gehört ein großer Teil der Freizeit eines Mannes seinem Freundeskreis, und die Gattin wird dabei nicht einbezogen. Chengrong widmet seiner jungen Frau so viel wie möglich von der Zeit, die ihm sein Dienst läßt. »Wir gingen ins Kino, in die Oper, wir liebten uns,« erinnert sich Gertrude später. Auch die Ausflüge in die Umgebung Fuzhous sind ihr noch im Gedächtnis. Der Steinklöppelberg östlich von Fuzhou ist sogar so hoch wie der Semmering. An den Pavillons, Tempeln und Grotten kann sie sich kaum sattsehen. Seine Wälder bieten Schutz vor der sengenden südlichen Sonne. Im Nordwesten befindet sich das Grab eines großen Sohnes von Fukien, des Vizekönigs Lin Zexu, welcher in Kanton das britische Opium, mit dem die chinesische Bevölkerung vergiftet werden sollte, verbrennen ließ. England hat hierauf den berüchtigten Opiumkrieg vom Zaun gebrochen. Im Frieden von Nanking des Jahres 1842 kam nicht nur Hongkong an das British Empire, sondern Fuzhou wurde gewaltsam dem Handel mit den ausländischen Mächten geöffnet. Chengrong weiß nicht, daß der von Lin Zexu in Auftrag gegebene Weltatlas zum ersten Mal Österreich ausführlicher und präziser beschreibt, doch kann er sonst viel über diesen vorbildlichen chinesischen Staatsdiener berichten, dessen Wahlsprüche wie, man möge Gutes tun, doch davon kein Aufheben machen, auch noch heute im Munde von aufrechten chinesischen Beamten sind.

Wenn Chengrong Dienst hat, bummelt Gertrude gerne durch die Gassen und Märkte der Stadt. Die traumhafte Schönheit der rotschwarzen Lackwaren bannt ihren Blick und auch die hauchzarten Landschaften aus Kork, eine neuere Kunst. Auf den Marktständen finden sich Erzeugnisse, für welche Fuzhou berühmt ist. Der aromatische starke Tee, der in winzigen Schälchen getrunken wird, Zuckerrohr, Orangen oder Drachenaugen, eine besonders wohlschmeckende Art der Leechefrüchte. Im Mai ist dann Gertrude mit dem Magen nicht gut beisammen, erbricht mehrmals. Der besorgte Chengrong besteht darauf, daß Gertrude zum Arzt geht. Der hat für beide eine freudige Überraschung: Gertrude bekommt ein Kind. Die bei der Hochzeitsfeier in Hucang der Braut angebotenen symbolträchtigen Köstlichkeiten wie Sanddatteln, Lotussamen und Erdnüsse scheinen ihren Zweck erfüllt zu haben.

Chengrong ist außer sich vor Freude. Das ganze Jahr über behandelt er Gertrude, als sei sie aus dem Eierschalenporzellan der Qianlong Periode gemacht. Auf seine Bitte schaut auch eine alte Frau aus der Nachbarschaft täglich vorbei. Zu Silvester verspürt Gertrude Schmerzen im Kreuz. Als sie das der Alten erzählt, wird diese geschäftig, benachrichtigt sofort Chengrong. Er bringt seine Frau in das amerikanische Spital. Die diensthabende Ärztin wird von ihrer Silvesterparty gerufen. Sie bemerkt, daß Chengrong immer wieder auf die Uhr schaut. Vielleicht glaubt sie, daß er einen dringenden dienstlichen Termin hat und sagt: »Heute Nacht bleiben Sie bei Ihrer Frau und passen auf sie auf.« Er bleibt nur zu gerne. Auf die Uhr blickt er, weil es sein sehnlicher Wunsch ist, daß das Kind erst nach Mitternacht, das heißt am 1. Tag des neuen Jahres auf die Welt kommt. Das Kind bekommt den österreichischen Namen Alfred und den chinesischen Qianghua, (Qiang = stark, hua = China). Natürlich hat Gertrude, die fleißig nach Hause schreibt, das freudige Ereignis daheim angekündigt, und die Mutter richtet in Wien Babywäsche zusammen und bittet den chinesischen Geschäftsträger Tong Dekien in Wien, ihre Tochter zu besuchen und ihr die Sachen zu bringen. Tong, ein sehr österreichfreundlicher Diplomat, der sich sogar die Mühe gemacht hat, in einem langen Vortrag neun gemeinsame Eigenschaften der

Österreicher und Chinesen aufzuzeigen und zu erläutern, tut der Mutter gerne diesen Liebesdienst und besucht Gertrude und ihren Mann während seines Heimaturlaubes.

Obwohl man nicht im chinesischen Dorf lebt, wo vor und nach der Geburt noch mehr und strengere Bräuche zu beobachten sind, wird doch der erste Geburtstag Alfreds in besonderer Weise begangen. Chengrong gibt für seine Freunde und Kollegen ein großes Bankett. Diese bringen, wie es üblich ist, dem Kind silberne Amulette in Schloßform, denn das Schloß soll das Kind ans Leben binden. Oft finden sich darauf noch Zeichen für Glück oder der »Chinesische Storch«, das »Einhorn«, welches in China die Kinder bringt. Andere bringen Armbänder oder Kinderkleider. Nach chinesischem Brauch ist das Kind auch im Tempel Guanyin darzubringen, dem Boddhisatva der Barmherzigkeit, der aus Indien gekommen und in der Wandmalerei der Tang-Dynastie noch mit einem Schnurrbart dargestellt ist. Doch den chinesischen Bedürfnissen entsprechend hat Avalokiteshvara im Laufe der Zeit immer weiblichere Züge angenommen, bis es zu der madonnenähnlichen Darstellung kam, welche heute in fast jedem europäischen Chinarestaurant zu finden ist. Die Eltern haben Guanyin zu opfern, dafür zu danken, daß das Kind in seinem ersten Lebensjahr gut herangewachsen ist und um künftige Hilfe zu bitten. Im Herzen der Klosterschülerin Gertrude wird aber auch der Wunsch nach der Taufe ihres Kindes immer stärker. Sie findet einen Pater namens Ludwig, der für die Taufe Alfreds allerdings eine Bedingung stellt: zuvor müssen sich die Eltern kirchlich trauen lassen. Chengrong stimmt zu, und so erleben die beiden ihre dritte Trauungszeremonie.

Im Jahre 1937 kommt ein jüngerer Bruder Chengrongs zu ihnen und wird Mitglied ihres Haushaltes. Es ist ihnen nicht ganz erklärlich, warum er gekommen ist. Doch die chinesische Sippe hält zusammen. Es ist auch in Hucang ein beliebter Ausspruch, daß ferne Wasser das Feuer nicht löschen, das heißt, daß vor allem die Familienmitglieder zusammenhalten müssen. Erst im Jahre 1968, als von Regierungsvertretern in Hucang Nachforschungen angestellt wurden, wird offenbar, warum dem jüngeren Bruder daran gelegen war, Chengrong und Gertrude in die großen Städte zu folgen. Er war heimlich Mitglied der KP geworden und leistete an den jeweiligen Dienstorten des Bruders Untergrundarbeit.

1937 bricht der Krieg gegen Japan aus. Der Postverkehr zwischen China und Österreich wird gestört. Die Briefe, welche fast monatlich im Hause Wagner ankommen, bleiben aus. So ein Brief ist für Mutter Wagner immer etwas ganz besonderes. Zuerst liest sie ihn selbst, und dann liest sie ihn den anderen vor. Ohne die Nachrichten ihres Kindes wird nun der Heilige Abend für Elisabeth Wagner besonders schwer. Wie immer wird ein Tischchen vor den Weihnachtsbaum gerückt und darauf stellt sie das Hochzeitsbild von Gertrude und die Familienphotos. Öfter als sonst geht sie in die nahe polnische Kirche am Rennweg, betet und zündet Kerzen an.

Der Aufenthalt in der wichtigen Hafenstadt Fuzhou wird wegen des Krieges für Gertrude und ihren kleinen Sohn zu gefährlich. Chengrong schickt sie mit seinem Bruder nach Dongyang zurück. Die Familie ist für Chengrong sein ein und alles, und so beschließt er, als er Dongyang auch nicht mehr als sicher ansieht, nach Chongqing (Tschungking) zu übersiedeln, wohin sich die Guomindang-Regierung von Nanking zurückgezogen hat. Da dorthin viele Beamte geflüchtet sind, findet er zuerst keine seiner Ausbildung entsprechende Arbeit. Schließlich nimmt er den Posten als Vorsteher des Steueramtes in Wanxian, einem ländlichen Kreis bei Chongqing, an. Hier kommt der Sohn Peter auf die Welt. Nach chinesischer Sitte müßte Gertrude eigentlich das »zuo yuezi« beachten, das heißt, sich einen Monat lang nicht aus ihrem Zimmer rühren. Nach chinesischem Glauben riskiert die Mutter bei Mißachtung dieses Prinzips schwere gesundheitliche Schäden. Doch schon eine Woche nach der Geburt folgt die nächste Versetzung. Zu diesen Zeiten muß man nehmen, was man bekommt, und sie fahren vierter Klasse mit dem Schiff den Goldfluß hinauf nach Yibin, wo Chengrong wiederum Chef des Steueramtes wird. Hier sind sie fast an der Grenze zur südlichsten Provinz Yunnan täglich den japanischen Fliegerangriffen ausgesetzt. Ein Jahr lang muß es die Familie hier aushalten. Dann wird Chengrong an die Polizeiakademie von Chongqing berufen.

Chongqing ist eine 2000 Jahre alte Stadt, die malerisch am Zusammenfluß des Yangtsekiang mit dem Jialing gelegen ist. Unter normalen Umständen hätte sich Gertrude an dieser Landschaft erfreuen können, die auch andere aus dem Ausland kommende Gäste in ihren Bann gezogen hat. Die berühmte Schriftstellerin Han Suyin, etwa zeitgleich mit Frau Wagner in Chongqing, hat ihre Eindrücke im Buch »Birdless Summer«, deutsch: »Zwischen zwei Sonnen«, festgehalten:

»Oft ging ich zu jener gewaltigen Klamm in den Bergen hinunter, wo der Tschialing und der Jangtsekiang zusammenfließen, zu jenem Vorgebirge, auf dem Tschungking errichtet ist, und schaute stundenlang auf das Wasser und das Gewirr der Dschunken mit ihren geblähten Segeln. Und jedesmal, wenn das Auge den Windungen von Wasser und Felsen folgte, die den Großen Fluß bildeten, jenem verhangenen langgezogenen Trichter, der in die Schluchten, die berühmten Schluchten von Szetschuan mündet, schlug mich die weiträumige, strenge, herbe Landschaft erneut in ihren Bann. Näher, genau unter mir, vierhundertachtundsiebzig Stufen tiefer, lag das Flußufer, ein unentwirrbares Durcheinander von Ballen und Kisten und Menschen ...«

Diese schöne Aussicht ist fast hundert Tage im Jahr in Nebel gehüllt, doch Gertrude Wagner sehnt wie alle anderen Einwohner Chongqings diesen Nebel sehnlich herbei. Denn an solchen Tagen ist Chongqing vor den japanischen Bombenangriffen gefeit. Hebt sich aber der Dunst, so gibt die Stadt sogar in der Nacht ein ideales Angriffsziel ab. Der grüne Jialing und der gelbe Yangtse umschließen die Stadt und reflektieren sogar bei Neumond die Sterne und Lichtquellen der Häuser und markieren so den japanischen Piloten ihr Angriffsziel. Frau Wagner und ihre Familie müssen ihren Alltag nach den Alarmsirenen einrichten. Schrillen sie zum ersten Mal, so heißt dies »kong xi«, das heißt, die japanischen Flugzeuge sind in den Luftraum Sichuans eingedrungen. Die zweite Sirene kündigt den unmittelbaren Angriff an. Die Wirkung der Bomben ist in der Stadt, deren Winkelwerk ihren 200.000 Einwohnern zu wenig Platz bietet, die aber dazu noch eine Dreiviertelmillion Flüchtlinge aufnehmen muß, verheerend. Die Wirkung eines Angriffs von 37 Bombern ist ebenfalls von Han Suyin beschrieben worden.

»Tags darauf kam Zweiter Bruder zurück. Da es kein Licht gab, machten wir uns aus gedrehten Weidenzweigen und alten Schlepptauen Fackeln; unter solchen Umständen lebten wir eine Woche lang, während die Leute, das Leben, allmählich in die Stadt zurückkehrten, Familien sich auf die Suche nach ihren Mitgliedern machten... Ausrufer zogen mit einem Gong durch die Straßen und riefen die Namen vermißter Kinder aus; am dritten Tag nahmen die grün uniformierten Postboten ihre Runde wieder auf und notierten sich, welche Häuser zerstört waren, und gelegentlich stieß man auf einen Zettel des Inhalts: Hier stand Nr. 4 der Osttuchschuhstraße. Die Briefe konnte man auf dem Postamt abholen.«

Vor den japanischen Angriffen findet Gertrude in den Grabhöhlen der Berge Zuflucht. Kein guter Ort, um sich dort aufzuhalten, denn Chongqing ist einer der »Öfen« Chinas, dessen Hitze die Luft flirren läßt und in den Grabgrotten pestilenzartige Gerüche entwickelt. Chengrong muß während der Angriffe bei seiner Einheit bleiben und entgeht mit Lehrern und Schülern nur deshalb dem Tod, weil die beiden Bomben, welche die Akademie treffen, Blindgänger sind. So muß sein jüngerer Bruder sich um Schwägerin und Neffen kümmern. Doch der ist schwer lungenkrank. In den mit Verwundeten voll gepfropften Spitälern kann man ihn nicht aufnehmen, er erhält lediglich ambulant Medikamente und Injektionen. Für ihn ist der Aufenthalt in den Grabhöhlen Gift, und schließlich erliegt er den Strapazen.

In China ist die Furcht vor »Wiedergängern« tief verwurzelt, und in vielen Gegenden des Landes ist es Brauch, den Verstorbenen vor der Bestattung die Beine zusammenzubinden, da man ihre Rückkehr als Geister verhindern will. Kommt ein Kind auf die Welt, so fährt später ein älterer Verwandter mit Messer oder Schere zwischen den Beinen des Kindes durch, um symbolisch diese Fesseln zu lösen, welche es bei seiner Wiedergeburt mitgebracht hat. Ist man also eigenen Verstorbenen gegenüber vorsichtig, so hat man mit hausfremden Geistern überhaupt nichts im Sinne und hält den Tod eines Fremden im eigenen Haus für ein böses Omen. Chengrong und Gertrude müssen daher den toten Bruder unter dem Vorwand, sie brächten ihn ins Spital, am Hausherrn vorbeischmuggeln. Die nächste Sorge ist, für den Bruder Sarg und auch eine einstweilige Ruhestätte zu finden, was bei den vielen Todesfällen in der übervölkerten Stadt eine schwere Aufgabe ist. Wieder um Geld und gute Worte bewegen sie Mönche eines buddhistischen Klosters, den Sarg einstweilen aufzubewahren. Erst im Jahr darauf wird er auf einem Friedhof bestattet. Der Vater wird aber auf eine Überführung nach Hucang dringen.

Mitten in dieses Chaos wird die Tochter Elisabeth hineingeboren. Gertrude schreibt darüber an ihre Mutter am 7. August 1946:

Du Chengrong als Professor an der Polizeiakademie in Fuzhou

Mit Alfred

Mit Chengrong, Alfred und Peter

»Dein letzter Brief ist im Mai 1941 in Chungking angekommen. Dieses Jahr war furchtbar, immer Alarm, Tag und Nacht. Im August war es am ärgsten, wir hatten direkt mit dem Leben abgeschlossen, wo du hinsahst, sah man Tote oder Verwundete oder Verbrannte, die man wegtrug. Dazu fühlte ich mich körperlich mit jedem Tag elender. Unser Haus wurde von einer Bombe, die das Nebengebäude traf, sehr ruiniert. Das Dach war fast ohne Schindel, die Fenster ohne Gläser, die Türen größtenteils aus den Angeln gerissen, die Mauer hatte große Löcher usw. Als es 2 Tage später regnete, mußten wir Öltücher aufspannen, um uns vor dem nassen Segen und dem Dreck, der von oben kam, zu schützen. Die Folge der ganzen Aufregung war, daß ich um drei Wochen zu früh Elisabeth geboren hatte. Erst nach einem Monat sorgfältigster Pflege erlaubte mir der Arzt aufzustehen. Nach der Geburt von kl. Ly war kein Alarm mehr. Die amerikanischen Flieger (fliegende Tiger wurden sie von den Chinesen genannt) schützten Chungking vor den Luftangriffen.«

Nach dem amerikanischen Luftschirm über Chongqing müssen Gertrude und ihr Mann nicht mehr auf Tage mit Regen und Nächte ohne Mond hoffen. Doch da wird Chengrong wieder versetzt. Er soll in Baishui (Hundert-Wasser-Dorf) in der östlichen Provinz Jiangxi die Leitung der Polizeiakademie übernehmen. Die Reise dorthin ist beschwerlich. Es verkehren keine Züge. Man muß eine Fahrkarte für den sogenannten »Opa-Wagen« kaufen, der von einem Holzgasofen angetrieben wird, und gegen den ein Opa ein wahrer Sprinter wäre. Für die bergige Provinz Sichuan gilt das Sprichwort: » Die Wege in Sichuan sind beschwerlicher als der Pfad zum Paradies.« Immer dann, wenn eine Steigung zu nehmen ist, legt der Fahrer Bremsschuhe unter die Räder, damit der Wagen nicht zurückrollen kann und geht dann zum Ofen, um ihm mehr Luft zuzuführen und dadurch das Feuer anzufachen. Wie ein träger Käfer kriecht das Fahrzeug dahin und kann an einem ganzen Tag nur wenige Kilometer zurücklegen. Immer wieder kommt es vor, daß die Dus mit ihren Kindern aussteigen und ganze Wegstrecken hinter dem asthmatischen Wagen gehen müssen. Die Unterbringung der größer gewordenen Familie in den Herbergen unterwegs spottet jeder Beschreibung.

Der Weg nach Jiangxi führt über die geheimnisvolle Provinz Guizhou, welche noch unwegsamer ist als Sichuan. Hier sind die Verkehrsverbindungen so schlecht, daß in der Provinz früher für eine einzige Nähnadel ein Huhn getauscht werden mußte. Auch Guizhou hat so wie Sichuan ein Sprichwort, das seine Wege und sein Klima beschreibt: »Keine drei Meter ebener Weg und keine drei Stunden ohne Regen.« Entsprechend schwierig gestaltet sich ihre Reise. Die Dus müssen immer bangen, ob der Wagen durchhält. Das verdirbt ihnen die Freude an der Aussicht auf die pittoresken Berge, die jenen Guilins nicht nachstehen, sowie am Anblick der ungewohnten Trachten, welche die Menschen tragen, an welchen der Wagen vorbeischleicht. Da gibt es die schmuckbehangenen Miao in ihren reich bestickten und gebatikten Gewändern, die Buyi und Dong und die Lao Han, welche eigentlich ethnisch Chinesen sind, aber noch die alte Tracht aus der Ming Dynastie tragen.

Als sie endlich an ihrem Bestimmungsort in der Provinz Jiangxi angelangt sind, wartet auf sie ein ziemlich ruhiges ländliches Leben. Alfred geht hier in die erste Klasse der Volksschule, und er ist es, welcher Gertrude bald die größten Sorgen macht. Er magert bis zum Skelett ab, verliert alle seine Haare und Zähne. Schließlich verliert er sogar für mehrere Tage das Bewußtsein. Die ganze Zeit wacht Gertrude an seinem Krankenbett, schlachtet täglich ein Huhn, damit sie ihn mit Hühnersuppe kräftigen kann, und allmählich wird es wieder besser. Als er endlich über dem Berg ist, liegt die Mutter infolge der Übermüdung durch viele schlaflose Nächte krank im Bett.

Kaum daß Mutter und Sohn wieder halbwegs genesen sind, ist man schon wieder auf der Flucht. Gertrude und Chengrong müssen stündlich um das Schicksal ihrer Familie bangen. Die Japaner verfolgen eine Politik der verbrannten Erde, und die Zahl der Opfer unter der Zivilbevölkerung übersteigt jene der gefallenen chinesischen Soldaten um ein Vielfaches. Folterungen, Massenerschießungen, Vergewaltigungen gegenüber Zivilisten sind an der Tagesordnung. Die Flucht ist für Gertrude beschwerlich, da sie wieder in anderen Umständen ist. In einem kleinen Dorf in Zhejiang kommt sie nieder. Der Geburtstag fällt mit dem Tschiangkaischeks zusammen. Das ist zu diesem Zeitpunkt schon weniger eine besonders glückliche Fügung, als es hätte scheinen mögen. Die Zeiten haben sich geändert. Vor weniger als 10 Jahren, als Tschiangkaischek am 31. Oktober 1936 seinen fünfzigsten Geburtstag feierte, sangen bei der offiziellen Geburtstagsfeier die vielen tausend Gäste das Gratulationslied, welches auch in allen Schulen einstudiert worden war. Der Refrain davon lautet: »Tschiangkaischek ist der rettende Stern unserer Volksgenossen, wir wünschen unserem Tschiangkaischek ein langes und ewiges Leben.«

Nunmehr ist der Stern Tschiangkaischeks schon deutlich verblaßt, und es gibt nicht wenige, die ihm kein langes Leben wünschen, sondern mit »Tschiangkaischek gaisi« den Tod wünschen. Die amerikanischen Verbündeten, an ihrer Spitze General Stilwell, machen ihm zum Vorwurf, 300.000 Mann seiner besten Truppen von der Front gegen die Japaner fernzuhalten, um strategische Vorteile für einen späteren Bürgerkrieg zu sichern. Die Korruption in der Nationalarmee und die immer spürbarere Geldentwertung, welche Plünderungen der Armee unter der Zivilbevölkerung begünstigt, schüren die Unzufriedenheit in der Bevölkerung. Mao Zedong hingegen setzt auf Eigenversorgung, durch welche seine Truppen diesem Circulus Vitiosus entgehen, und kann Ende 1943 zufrie-

Die verheerende Wirkung der japanischen Bomben in Tschungking

Antijapanische Plakate in den Straßen von Tschungking

den feststellen: »Nach der Methode, alles mit den eigenen Händen zu schaffen, haben wir das Ziel, uns ausreichend mit Nahrung und Kleidung zu versorgen, erreicht... Wenn alle Soldaten unserer heroischen und kampfgeübten Truppen, der 8. Armee und der Neuen Vierten Armee, nicht nur das Kriegführen und die Massenarbeit, sondern auch die Produktion meistern, dann werden wir keine Schwierigkeiten zu fürchten brauchen und, um mit Menzius zu sprechen, ›unbesiegbar auf Erden‹ sein.«

So ist der gemeinsame Geburtstag mit dem Führer, dessen Reich deutlich ins Wanken gekommen ist, eher kein gutes Omen, und die Geburt Weihuas steht außerdem unter dem noch viel schlimmeren Vorzeichen eines unheimlichen Traumes, der Gertrude sehr bedrückt. So klar hat sich dieser Traum oder vielmehr Alptraum in ihr Gedächtnis eingebrannt, daß sie fast fünfzig Jahre später bei einem Gespräch mit der Generalsekretärin der Österreichisch – Chinesischen Gesellschaft Else Unterrieder in Wien jedes Detail wiedergeben kann:

»Es war ein gesundes, kräftiges Kind und das hübscheste von allen. Damals war es sehr kalt, und wir mußten auf der Flucht vor den Japanern große Strecken zu Fuß zurücklegen. Tragsessel waren deshalb nicht aufzutreiben, weil es kein Opium gab, und die Träger waren nur nach Genuß von Opium bereit und in der Lage, ihre Arbeit zu verrichten. Eines Nachts hatte ich einen Traum. Ich sah ein kleines Dorf ganz deutlich vor mir, eine einzige Straße, zwei Häuserzeilen und von hohen Bergen umgeben. Und mir träumte, daß hier eines meiner Kinder sterben würde. Ich wußte nur nicht welches. Chengrong beruhigte mich: ›Das ist nur ein Traum‹. Doch dann kamen wir genau in dieses Dorf, das ich im Traum gesehen hatte, Ein kleines Dorf in Zhejiang Da'ao, und hier ist mein Jüngstes, Weihua, im Alter von einem halben Jahr gestorben.«

Als dann 1944 Chengrong Direktor der Polizeiakademie in Wenzhou, der großen Hafenstadt in der Provinz

Zhejiang wird, ist dies für Gertrude, die um ihr Kind trauert, keine gute Umgebung. Die aus Wenzhou stecken weniger Geld in den Straßenbau oder andere öffentliche Projekte, aber sie geben für die Gräber ihrer Ahnen ein Vermögen aus. Wenzhou liegt am Ou-Fluß ungefähr 20 Kilometer vor dessen Mündung in das ostchinesische Meer. Gertrude ist nun wieder in einer Stadt, die schon während der Qing-Dynastie dem Außenhandel geöffnet war, und sie mit einigen europäischen Gebäuden an ihre österreichische Heimat erinnert. Doch kommt sie mit Chengrong und den Kindern in das Weichbild der Stadt, so sieht sie an den Hängen nichts als Gräber. Prächtig gemauerte Stätten der letzten Ruhe, deren Torbögen in das Innere, in die Erde, führen. Für Gertrude sehen sie aus wie ein Meer von offenen Mündern, welche den Tod von so vielen Menschen verkünden. Ihr Herz wird dadurch immer wieder aufgewühlt, und sie versucht, diese Orte zu meiden. Lieber geht sie in den Stadtpark, wo Geschichtenerzähler auftreten, und in der seit mehr als zweitausend Jahren gleichbleibenden Manier, begleitet von Trommeln und Gongs, durch ihre Geschichten die chinesische Geschichte lebendig machen.

Chengrong und Gertrude sind froh, als er die Versetzung in das altvertraute Hangzhou als Chef der Polizeiakademie erhält. Nach dem schlichten Einfamilienhaus, das sie 1935 gemeinsam mit dem Kollegen Chengrongs bewohnt haben, warten nun prächtige Räume auf Gertrude. Chengrong hat eine Zimmerflucht bei einem hohen ehemals kaiserlichen Beamten gemietet. Das ganze Anwesen besteht aus einer ganzen Reihe von Höfen. Gertrude begeistert sich an den geschmackvollen Wandelgängen, den Blumen, Steingärten, Rollbildern und den schweren geschnitzten Möbeln. Noch stehen eineinhalb Millionen japanische Truppen in Zentralchina. Doch dann zwingen die Amerikaner Japan mit den Atombombenabwürfen auf Hiroshima und Nagasaki in die Knie. Japan kapituliert. Im einige Bahnstunden entfernten Shanghai landen die Amerikaner, von deren Ankunft ein österreichischer Augenzeugenbericht existiert.

»Plötzlich war die Stadt voll von amerikanischen Uniformen. Jede Stunde brachte zwanzig neue Flugzeuge, und somit etwa achthundert Soldaten und Offiziere. Den Whangpo hinauf dampften in endloser Reihe amerikanische Landungsboote, Schlachtschiffe und Flugzeugmutterschiffe. Die Stadt hatte ein wilder Taumel erfaßt. Was noch irgendwie Beine hatte, rannte downtown. Buchstäblich über nacht gab es an den Geschäften amerikanische Aufschriften, amerikanische Restaurants schossen wie Pilze aus dem Boden, und mit einem Male hatte Shanghai die fiebrig verzerrte alte Vitalität bekommen.«

KURZES GLÜCK VOR LANGEM LEIDEN

Der Victory-Day bedeutet für Gertrude, daß sie endlich wieder mit ihrer Familie in Wien Briefe austauschen kann. Der erste Brief der Mutter, den sie erhält, teilt ihr mit, daß die beiden größeren Brüder Herbert und Walter heil aus dem Krieg zurückgekommen sind, daß aber der Vater im letzten Kriegsjahr 1945 verstorben ist. Dem Brief liegen Photos von einer Kriegsweihnacht bei. Im Hintergrund wie immer der Weihnachtsbaum. In das selbstgemachte Zuckerlpapier mit den in vielen Streifchen zerschnittenen Enden sind winzige Süßigkeiten eingehüllt. Drum herum hängt der Gertrude wohlvertraute Gablonzer Glasschmuck. Vor dem Baum sitzen auf Stühlen die Eltern. Der Vater im Steireranzug, die Mutter in einem langen Wollkleid. Ihre Füße stecken in dicken Socken und warmen Filzpantoffeln, denn zum Heizen gibt es nicht viel. Rechts steht in Wehrmachtsuniform mit Stiefeln der älteste Bruder Herbert und links Walter, der sich aus dem Buben, der er beim Abschied war, zu einem feschen jungen Mann gemausert hat. Zwischen beiden steht Otto, der jüngste. Links der – fast wie in China – mit einem Spitzendeckchen gezierte Volksempfänger, den der Vater immer gleich abdreht, wenn aus ihm die markigen Reden Hitlers schallen. Im »Dritten Reich« haben die Zusagen Dr. Schobers, man würde für Konrad Wagner bei der Polizei immer eine Verwendung haben, nicht mehr gehalten. Seine Entlassung hat Konrad Wagner nie verwunden. Sein Gemütszustand hat sich zunehmend verdüstert. Immer hat er eine Pistole im Nachtkästchen, und die Familie lebt in ständiger Angst, er könnte seinem Leben ein Ende setzen. Doch er hält durch, bis ihm 1945 ein schmerzvoller Tod die Augen schließt.

Im Vergleich zu den Lebensbedingungen im Nachkriegswien sind trotz der Inflation Chengrongs und Gertrudes Verhältnisse um ein Vielfaches besser, und

Gertrude beginnt liebevoll zusammengestellte Carepakete nach Wien zu schicken. Über den Tod des Vaters erfährt sie erst am 10. Juli 1946 und schreibt betroffen an ihre Mutter:

»Der arme Papa, ich kann es gar nicht fassen, mir ist es als ob es gestern wäre und doch sind schon 12 Jahre vergangen, als ich Abschied von ihm nahm und seine harte, befehlsgewohnte Stimme die letzte Worte zu mir sprach! Es war mir so schwer ums Herz, ich konnte kaum eine Antwort darauf geben. Wer hätte gedacht, daß es ein Abschied für immer war... Wir werden morgen den ganzen Tag die Trauerkerzen brennen und für ihn beten.«

Am 18. Dezember 1946, einen Tag nach ihrem Geburtstag, schreibt sie einen Brief, welcher über ihre Lebensumstände einige Aufschlüsse gibt:

»Meine liebe, gute Mutti!

Jetzt nach fast einem Jahr hab‹ ich die Briefe bekommen die Jenny mit hatte samt den beiden Fotos herzlichsten Dank. Wie es Ihr geht, weiss ich allerdings nicht. Sie hatt mir nämlich nur die Briefe von Euch geschickt ohne einer Zeile oder Gruß von Ihr. Auch ein Paket Zeitung ist wieder angekommen dank Dir herzlichst.

Ach liebe Mutti wenn Du nur mit Jenny mitgekommen wärest, es wäre die schönste Überraschung für uns gewesen. Wir hätten eine Mutter, die Kinder eine liebe Großmama und Du würdest auch gleich zunehmen, denn hier kannst Du essen so viel und was Du willst und Arbeiten brauchst Du gar nichts. Aber was nicht ist kann ja auch noch werden. Bis der Verkehr bequem ist u. ich zu Euch komme können wir darüber noch reden, vielleicht entschließt Du Dich dann und fahrst mit mir.

Das ich Dir so lange nicht geschrieben habe, bitte entschuldige ich bin nämlich krank. Eine entzündung an der Rachen-Hinterwand die ich anfangs nicht beachtet hatte, hatt sich verschlechtert, bin bereits über 2 Wochen in Behandlung jetzt bereits auf dem Wege der Besserung. Du brauchst keine Sorge mehr zu haben. Bis Du den Brief bekommst bin ich längst gesund.

Gestern war mein 30ter Geburtstag nicht zum glauben das man schon so alt ist das Herz ist noch so jung. Habe sehr viel Geschenke bekommen. Denn jeder 10te Geburtstag wird in China als großer Geburtstag genannt und gefeiert. Tzen-Yun wollte Gäste laden, doch ich bat ihn davon abstand zu nehmen weil ich krank bin u. sehr vieles nicht essen darf, Wein ist auch verboten. So hatt er nachgegeben. Am Geburtstagsmorgen ißt man laut chin. Sitte Nudeln und jeder 2 Eier. Es bedeutet langes Leben. Von Tzen-Yun (Chengrong – Anm.d.A.) hab ich Seide für 2 Kleider bekommen und 2 schöne Ringe, Alfred gab mir einen großen Obstkorb, Peter einen Karton Seidenstrümpfe, Ly gab mir ein reizendes Körbel mit Datteln. Auch meine Sparkassa hatte eine Einlage bekommen natürlich von Tzen-Yun. Abends waren wir im Kino. Ungefähr um 6 h Abends ist ein ganz unverhofftes Geschenk gekommen mit dem ich nicht gerechnet hatte 2 Paket Zeitung u. ein Brief v. Walter ich mich rießig gefreut u. unsere 3 Kleinen nicht weniger über die reizende Kinderpost u. Tzen-Yun sagt: Das ist natürlich das beste vom ganzen Tag. Lacht und freut sich mit mir über die Post von zu Hause. Elisabeth übt gerade sie will Dir unbedingt selbst danken. Und Sie freut sich auch so sehr auf die Fahrt nach Wien. Alle Augenblicke fragt sie. In diesen Tagen vergißt Sie etwas darauf, denn Weihnacht steht vor der Tür und Sie freut sich aufs Christkind.

Wie geht es Euch liebste Mutti? Was machen meine 3 großen Brüder? Freue mich sehr das Walter mir so fleißig u. ausführlich schreibt. Wie geht es dem lieben alten Herrn wie freut ihn sein neuer Beruf? Tzen-Yun meint auch, Herbert ist nicht wiederzuerkennen so verändert hatt er sich und Otti schaut dem Herbert von früher sehr ähnlich. Walter ist der schönste, es ist begreiflich das er allen Frauen so gut gefällt.

Nun Mutti danke ich Dir nochmals herzlichst für die vielen Zeitungen. Viel Glück u. Gesundheit Euch allen im Neujahr. Viele innige Küsse an Dich meine Mutti, meine drei großen lieben Brüder
Eure Trude
Der lieben Tante Bini die herzlichsten Grüße.«
Der Brief enthält einen mit Bleistift in Blockbuchstaben unbeholfen geschriebenen Zusatz:
»Viele Bussi meiner lieben Omama. Die Kinderpost ist sehr schön. Viele Bussi an Onkel Herbert, Walter, Otto und Dich liebe Omama.
Elisabeth«
Das Alphabet hat Gertrude ihrer Tocher Elisabeth selbst beigebracht. Sie kann sich nicht so recht entschließen, Elisabeth in die Schule zu schicken. Am 26.8. schreibt sie an ihre Mutter:
»Bei uns ist alles gesund, nächstes Monat fängt die Schule wieder an, aber ich komm mit mir nicht auf gleich und lege mir die Frage immer wieder vor: Soll ich Elisabeth in die Schule schicken oder nicht. Geht sie in die Schule, bin ich wieder ganz allein zu Hause. Hier ist es so: Die Kinder sind von 8h – 12h in der Schule und am Nachmittag von $1/2$ 2 – $1/2$ 6H. Wenn sie zu Hause lernt, so kann ich vormittags mit ihr Chinesisch lernen, rechnen, zeichnen, nachmittags deutsch. Sie kann schon das ganze ABC schreiben und auch auswendig. Es bleiben mir noch ein paar Tage zum Nachdenken.«
Gertrude möchte, daß sich ihren Kindern die Bücher aus beiden Welten erschließen, in die sie hineingeboren sind. Sie will das umso mehr, als sie selbst eine Leseratte ist. Schon in ihren ersten Briefen nach Kriegsende schreibt sie nach Wien:
»Liebste Mutti, wenn man wieder Zeitungen schicken kann, dann vergiß mich nicht. Du weißt ja, Deine Tochter ist ein Bücherwurm. T.Y. sagt immer, wenn ich ein Buch in die Hand bekomme, bin ich für die ganze Welt verloren.«

Da trifft es sich gut, daß im Anwesen des kaiserlichen Hofbeamten eine Bibliothek steht, welche auch deutsche Titel enthält. Die Nebenfrauen des alten Herrn wissen nicht viel damit anzufangen und verkaufen ihr heimlich Bücher. Noch eine andere ganz besondere Quelle hat Gertrude, um ihren Lesedurst zu stillen. Ihr Mann ist mit dem berühmten chinesischen Schriftsteller Yu Dafu eng befreundet, dessen größter Schatz seine riesige Bibliothek ist, weche auch ausländische Titel enthält. Niemand kann sich brüsten, von Yu je ein Buch ausgeborgt zu haben. Das gelingt auch Gertrude nicht. Doch macht Yu für sie als einzige eine andere Ausnahme und läßt sie nach ihrem Belieben in seinem Heiligtum lesen.

Für die Kinder ist die neue Wohnung ein wahres Paradies. Sie können Blumen pflanzen und Haustiere halten. Alfred interessiert sich für Naturkunde und träumt davon, später Direktor eines landwirtschaftlichen Betriebes zu werden. Die Geschwister können im Hof rollschuhlaufen, und wenn Chengrong Freizeit hat, dann macht er mit der Familie Ausflüge in die Umgebung Hangzhous. Sie fahren mit dem Boot auf eine der Inseln des Westsees und füttern die riesigen Goldfische, welche die Wiener Weihnachtskarpfen an Größe noch weit übertreffen. Manchmal besuchen sie die Quelle des laufenden Tigers, dessen Wasser eine so hohe Oberflächenspannung hat, daß man in ein vollgefülltes Gefäß vorsichtig eine Menge Geldmünzen auf die Wasseroberfläche legen kann, und ein richtiger Gupf entsteht. Im botanischen Garten gibt es die viele hundert Jahre alten Bonsais zu bewundern, und im Frühjahr kann man südlich von Hangzhou bei der Drachenbrunnenquelle die erste Ernte des berühmten Drachenbrunnentees kaufen. Im Sommer ist es angenehm durch ein schattiges Tal zu wandern, von dessen Felswänden hunderte von Steinskulpturen auf Scharen von Pilgern herabblicken, darunter auch ein besonders freundlicher Milefo, ein lächelnder Buddha. Der Weg führt zum uralten Lingyin Kloster, vor dem ein riesiges Weihrauchgefäß Wolken von Weihrauch und Aschenflocken aus Opfergeld in den Himmel bläst. Manchmal geht auch die ganze Familie zum Krabbenfischen im Fluß und kehrt erst heim, wenn schon Laternen brennen.

Gertrude kauft einen Weltempfänger, mit dem sie auch europäische Sendungen hören kann. Im Sommer zieht sie sich mit Büchern oder Zeitungen zum Radio in ein kühleres Eck zurück, wo sie die Kühlung des großen Ventilators erreicht. Wenn dann Chengrong heimkommt, geht sie mit ihm spazieren, ins Kino, oder sie spielen daheim Schach oder Halma. Ist die Hitze besonders groß, dann hat Chengrong ein kühleres Nachtquartier bereit, indem er die Familie für die Übernachtung auf einem Boot am Westsee unterbringt.

Es ist ein friedliches, ja idyllisches Wohnen umgeben von schönen Dingen und schöner Landschaft. In den Wänden der Wandelgänge finden sich Fenster in Vasenform mit schönen Glasmalereien. Chengrong hat Gertrude erklärt, daß Vase als Symbol für Frieden gilt, denn auch sie wird so wie das Zeichen für Frieden »Ping« ausgesprochen. Doch das, was die Symbolik ihrer Umgebung verheißt, kann die unmittelbare Zukunft nicht halten.

Die Leitung der Polizeiakademie in Hangzhou bietet Chengrongs Familie ein gutes Leben. Doch die politisch unsichere Lage und die galoppierende Inflation sind Anlaß für sorgenvolle Gespräche Gertrudes mit Chengrong über die Zukunft der Familie. Bald ist das Papier des Geldes, mit dem die Gehälter von Regierungsbeamten ausbezahlt werden, mehr wert als der aufgedruckte Betrag. Schon 1946 hat Zhou Enlai in einer Rundfunkrede erklärt: »Was den Verfall des Wirtschafts- und Verkehrssystems betrifft, so ist er dem von Tschiangkaischek geführten Bürgerkrieg zuzuschreiben. Die jährlichen Militärausgaben betragen 80 Prozent der gesamten Staatsausgaben von Tschiangs Regierung. Dazu kommt noch die Ausbeutung des Volkes durch das bürokratische Kapital. Wie kann da der wirtschaftliche Ruin abgewendet werden?« Im Mai des darauffolgenden Jahres kann Mao Zedong mit Genugtuung auf sich immer weiter ausbreitende Bewegungen wie »Nahrung, Frieden, Freiheit« oder »Gegen Hunger, Bürgerkrieg, gegen Verfolgung« hinweisen. Diese Darstellung wird von damaligen Berichten des amerikanischen Botschafters bestätigt. Am 29. Mai 1947 schreibt dieser nach Washington: »Die allgemeine politische Lage, welche noch immer weitgehend durch die wirtschaftliche und militärische Situation beherrscht wird, verschlechtert sich mit zunehmender Geschwindigkeit. In den letzten Wochen hat die schlechte Reisversorgungssituation, welche hauptsächlich durch den militärischen Bedarf und Hortungen hervorgerufen wurde, zu der sich ausbreitenden Unruhe beigetragen.«

Als dann im März 1948 der erste österreichische Gesandte der Nachkriegszeit in China, Dr. Felix Stumvoll, seine Tätigkeit in China aufnimmt, berichtet er mit Verwunderung dem Außenministerium in Wien, daß er am 5. März 1948 bei der Übergabe des Beglaubigungsschreibens an Tschiangkaischek unter der Bedeckung von zwei Panzerwagen vorfahren muß. In einer am 18. Mai 1948 gezeichneten Schilderung der Lage an Außenminister Dr. Gruber bezeichnet Stumvoll die führenden Männer um den Präsidenten als »Himmler« Chinas und bringt zum Ausdruck, die Kommunistische Partei habe sich seiner Meinung nach durch den erbitterten Widerstand gegen Japan zu einem der Hauptfaktoren für die politische Zukunft Chinas emporgearbeitet. Zum Jahresende wird der österreichische Gesandte noch deutlicher und meldet, die Rettung Chinas könne nur in der »Ausschaltung des derzeitigen Präsidenten Tschiang und seines Klüngels« möglich werden. In Shanghai, dem zweiten Amtssitz Stumvolls, fährt die Frau Tschiangkaischeks Song Meiling in Begleitung zweier Beiwagenmaschinen mit Maschinengewehr vor, wenn sie in das von den österreichischen Emigranten Jabloner und Strehlen geführte Restaurant »Fiaker« in der Avenue Joffre 997 geht, um dort Ente mit Rotkraut und Kaffee mit Schlag zu sich zu nehmen. An der Unsicherheit der Shanghaier Verhältnisse für Guomindang Granden kann auch die österreichische Ausbildung des Shanghaier Polizeichefs Yu nichts ändern, der gemeinsam mit Chengrong in Wien gewesen war. Das weiß übrigens Yu auch, und so bereitet er seine Abreise vor, um sich mit dem Generalissimus nach Taiwan abzusetzen. Mit ihm gehen noch einige des Wiener Kursus. Doch Chengrong will nicht mit. Er will seinem Land in seiner Heimat dienen, und er hat sich auch nichts zu Schulden kommen lassen. An wissenschaftlicher Arbeit, Unterricht und dem Verfassen von Lehrbüchern wird doch eine neue Regierung keinen Anstoß nehmen? Er kündigt seine Stelle, die seiner Familie ohnehin die Existenz nicht sichern kann. In der Zwischenzeit ist der Kurs des amerikanischen Dollars auf zwei Millionen CNC geklettert. Chengrong zieht mit der Familie nach Dongyang. Dort ist der Hunger groß. Man versucht, amerikanischen Mais anzubauen, um der Bevölkerung Nahrung zu geben, doch es gibt eine Mißernte.

Der Preis für Reis ist gegenüber dem Vorjahr um das 4666fache höher. Chengrong kratzt sein Erspartes zusammen, um sich an einer Konservenfabrik zu beteiligen. Das Projekt schlägt fehl, und nun ist die Familie mittellos. Keine guten Vorzeichen, als Gertrude am 9. Juli 1949 mit ihrer zweiten Tochter Trudi niederkommt. Dongyang mit seiner langen Schultradition wäre ein geeigneter Ort für die Ausbildung der Kinder, doch wie die hohe Miete und die Lebenskosten bezahlen? So bleibt Chengrong und Gertrude nichts anderes übrig, als den Wunsch des Vaters zu befolgen und sich in Hucang niederzulassen.

»SCHLAFT NICHT BIS ZUM SONNENAUFGANG, SONST SCHAFFT IHR WENIGER!« – EIN STADTKIND WIRD ZUR KOMMUNEBÄUERIN

Gertrude naht sich diesmal dem Dorf nördlich des Dongyang-Flusses mit viel mehr Beklommenheit im Herzen als beim ersten Mal. Und diese Beklommenheit hat einen realen Hintergrund. Es ist etwas anderes bei einer angesehenen Familie gemeinsam mit einem mit der Aura des höheren Staatsbeamten ausgestatteten Ehemann für kürzere Zeit einen Besuch abzustatten, als keinen anderen Ausweg zu haben und dort unter Bedingungen zu leben, auf die sie keinen Einfluß hat. Früher war sie der ausländische Ehrengast, für den die Sippe Ausnahmen machte, welche von den Dörflern akzeptiert wurden. Nun kommt sie als Flüchtling in ein Haus, das der Vater teilen muß, um ihnen wenigstens zwei kleine Zimmer anzubieten, in denen sie zu sechst wohnen sollen. Früher stand sie außerhalb der Dorfgemeinschaft. Nun ist sie Mitglied und wegen der Guomindang-Polizeikarriere Chengrongs sogar ein unterprivilegiertes. Die ehernen Gesetze der Dorfgemeinschaft gelten hinfort auch für sie und die Kinder.

In den Familien Hucangs liegt die Macht beim Vater. Er teilt die Arbeit zu und wenn er nicht da ist, vertritt ihn nicht die Ehegattin, sondern der älteste Sohn. Bei der Hausarbeit hat die Schwiegermutter das Sagen, assistiert von der Frau des ältesten Sohnes. Nach außen wird die Familie vom Vater und vom ältesten Sohn vertreten. Treten Frauen auf, so wird dies von den Verhandlungspartnern als peinlich empfunden. Wenn Kinder die Fraisen bekommen, so werden Magier gerufen, um sie davon zu heilen. Gilt es Haus, Herd oder Grab zu errichten, so geht das nicht ohne den Geomanten. Aus den Redensarten der Gegend geht hervor, daß hier härteste

Arbeit gefragt ist und keiner etwas zu verschenken hat:

»Wenn der Mann fleißig ist,
so kommen Gold und Silber vom Feldrain.
Wenn die Frau fleißig ist,
so kommen Gold und Silber aus dem Webstuhl.«

»Schlaft nicht bis zum Sonnenaufgang,
Sonst schafft ihr weniger!
Wenn man jeden Tag eine Mundvoll spart,
kann man in drei Jahren eine Kuh kaufen.
Legt man jeden Tag eine Handvoll Reis zurück,
so reicht es in drei Jahren für eine neue Bettdecke!«

»In der Familie muß es Hände geben,
die das Geld erarbeiten,
aber auch ein Gefäß,
um das Silber zu verstecken.«

»Du lernst Getreide zu säen,
um nicht hungrig zu sein.
Du lernst ein Handwerk,
um dich durchzubringen.«

»Wenn du nur Essen im Bauch hast ohne zu arbeiten,
wirst du auf der Straße sterben.«

»Wer nur ißt und sich vergnügt,
will bei den anderen kein Gesicht.«

Die Unnachsichtigkeit und autoritäre Natur der überkommenen lokalen Traditionen geht auch aus der Diskriminierung der »xiao xin«, der sogenannten »kleinen Namen« hervor. Alle, die gleiche Familiennamen haben, bilden eine »Zu«, eine Gruppe, welche unter der Leitung eines Vorstandes steht. Jede »Zu« hat ihre eigenen Regeln für Familienangelegenheiten, kindliche Pietät, die Ahndung von Delikten und die Nutzung des Bodens. Im »Zu Pu«, im Sippenbuch, werden die Biographien von berühmten Mitgliedern der »Zu« festgehalten, sowie Ahnenbilder, Bilder von Gräbern und Grabinschriften sowie die Haupt- und Nebenzweige der »Zu«. Wagt es jemand gegen die Regeln der »Zu« zu verstoßen, so wird er an einem Pfosten vor dem Hauptgebäude der »Zu« angebunden und geschlagen. Wird der Verstoß von der »Zu« als schwerwiegend angesehen, so passiert etwas noch viel Schlimmeres. Der Name des Betreffenden wird im »Zu Pu« gelöscht. Er und seine Familienangehörigen sind nun zum »xiao xin«, zum »kleinen Familiennamen« reduziert und bilden in der Dorfgemeinschaft die Parias. Die Diskriminierung, welcher sie ausgesetzt sind, ist so stark, daß die Redensart existiert: »Man heiratet lieber eine Bettlerin, als ein Mädchen mit kleinem Familiennamen.« Wenn trotzdem jemand dieses Wagnis unternimmt, so darf die Braut keine Sänfte benützen, kein chinesisches Langkleid anziehen und keinen Phönixschmuck im Haar tragen. Nach drei Tagen muß sie dann zu jeder Familie des Dorfes gehen, um sich allen gegenüber zu verbeugen und von ihnen akzeptiert zu werden.

Die mit dem kleinen Familiennamen müssen fern vom Tempel und in Nebengebäuden wohnen. Die Arbeit auf den Feldern ist ihnen erlaubt, aber ansonsten müssen sie jene Tätigkeiten verrichten, die den Trägern der großen Familiennamen zu minder sind wie Sänftentragen, Sauschneiden, Mitwirken in der Musikkapelle, Friseur und ähnliches. Diese Traditionen begannen während der Zeit der Republik schwächer zu werden, leben aber gegenüber sogenannten Konterrevolutionären Anfang der fünfziger Jahre wieder auf. Vernaderungen, an denen Verwandte ihren Anteil haben, bewirken, daß Du Chengrong zuerst einmal für zwei Jahre unter die sogenannte »Beaufsichtigung der Massen« gestellt wird. So wie bei den »xiao xin«

weist man den unter Aufsicht der Massen stehenden die undankbarsten Aufgaben zu: unentgeltliche Arbeit für die Gemeinde im Straßenbau, das Überbringen von offiziellen Schreiben der Dorfleitung auch an Adressaten, welche weit entfernt sind, Gong schlagen, um auf Versammlungen aufmerksam zu machen. Öffentliche Versammlungen gibt es weiß Gott genug. 1950 werden die USA wegen ihrer Rolle im Koreakrieg angeprangert. Im November beginnt die Kampagne gegen die Konterrevolutionäre. Da ist es praktisch, Chengrong zur Hand zu haben, um ihn öffentlich kritisieren und damit die ergangene politische Direktive in der bequemsten Art und Weise ausführen zu können. Am Abend geht Chengrong zur Schulung, um von den armen Bauern politisch umerzogen zu werden. Gertrude muß nun eine Reihe von Tätigkeiten lernen, die sie als Stadtkind in ihrem ganzen Leben noch nie ausgeübt hat, sie will verhindern, daß Mann und Kinder Hunger leiden. Sie muß auf einem gemauerten Herd zu kochen, der eine große eiserne Schüssel als Einsatz hat, die vom offenen Feuer erhitzt wird. Auf den wenigen Feldern, welche Chengrong mit seiner Familie bewirtschaftet, wachsen Weizen, Mais, Sojabohnen und Wasserreis. Reisschößlinge an – und umzusetzen hat sie nie gelernt. 4,048 mu Land haben die Dus für den Reisanbau und 1,65 mu für die anderen Feldfrüchte. Da ein mu einem Fünfzehntel Hektar entspricht, ist alles zusammen nach österreichischen Verhältnissen ein größerer Schrebergarten, und davon muß noch mehr als eineinhalb Zentner an Reis dem Staat abgeliefert werden. Gertrude muß Hühner halten, damit der Mann, wenn er von der schweren Arbeit heimkommt, und die Kinder wenigstens nahrhafte Eier zum Frühstück haben. Geht die Hühnerkrankheit um, dann übersiedelt sie das kostbare Federvieh ins Schlafzimmer, damit es nicht angesteckt werden kann. Doch selbst wenn Essen da ist, heißt es nicht, daß Gertrude auch kochen kann, denn es fehlt an Brennstoff.

Gertrudes neues Heim im Gehöft der Dus in Hucang

Die Küche

Alfred ist seit Frühjahr 1950 in Dongyang in der Mittelschule. Dort muß er selbst kochen und benützt mit mehreren Mitschülern gemeinsam eine Öllampe. Jede Woche kommt er einmal heim und bringt etwas eingelegtes Gemüse mit, doch kann er der Mutter bei der Beschaffung von Brennstoff nicht helfen. Denn in die Berge gehen, um Bambus zu schlagen, erfordert eine Zeit von drei Tagen. Daher muß Peter einspringen. Einen Tag braucht man, um hinzukommen. Dann muß er mit den anderen Jugendlichen bei Bauern ein Quartier für die Nacht suchen. Am nächsten Tag trägt er die geschlagenen Stämme in mehreren Etappen hinunter. Er ist noch klein und kann am Berghang nicht so viel tragen. Unten bindet er den Bambus zusammen und schleppt ihn am dritten Tag nach Hause. Am Vorabend solcher Märsche wird er von der Mutter angehalten, früh zu Bett zu gehen, um Kräfte zu sammeln. Sie selbst kann meistens nicht schlafen und steht in der Nacht auf, um mit dem Vater Peters Frühstück und Proviant vorzubereiten. Oft sind es Maisfladen, die sie mit den Händen formt und in der Pfanne bäckt.

Trotz der beschränkten Verhältnisse hat Gertrude für die Familie immer etwas zu essen. Für die Ausgaben jedes Monats erstellt sie einen Plan, den sie peinlich genau einhält. Dabei wird die für Gemüse veranschlagte Summe ausschließlich für Gemüse ausgegeben und die für Brennstoff ausschließlich für diesen Zweck. Mit einer kleinen Waage wiegt Gertrude den Reis und das Mehl bevor sie kocht und gibt jedes Mal etwas davon in den Vorratskorb zurück.

Die Kinder helfen ihr so gut sie können. Dongyang und Umgebung sind für Holzschnitzerei und Korbflechterei berühmt, und Peter sucht sich einen Meister, der bereit ist, ihm das Korbmachen zu zeigen. Das bessert das Familienbudget auf. Der Vater macht den Rand und die kleine Schwester Gertrude wird später den Boden beisteuern. Als 1951 Edith als letztes der Kinder auf die Welt kommt, kehrt der sechzehnjährige Alfred für eine Woche von der Schule in der Kreisstadt heim, um für die Mutter zu kochen. Die zehnjährige Elisabeth geht zum Dorfteich und versucht, wie sie es von der Mutter gesehen hat, die Windeln zu waschen. Im darauffolgenden Mondneujahrsfest wird Edith, dem alten Lokalbrauch folgend, zum ersten Mal unter dem Kopf des Lichterdrachens durchgereicht, damit sie gesund heranwächst. Solche Feste versöhnen Gertrude mit ihrer neuen Umgebung. »Danian Chuxi«, der Tag vor dem chinesischen Mondneujahr, ist für die Bauern Hucangs der wichtigste Feiertag. Teurere Lebensmittel werden gekauft, um sie dem Himmel zu opfern und später gemeinsam zu verzehren. Nach dem Reim »Dui tian – xie nian – si gui – si bai« wendet sich die Familie an den Himmel, dankt dem abgelaufenen Jahr durch vier Kotaus und vier Verbeugungen. Dabei wird um »guten Wind und richtigen Regen« im kommenden Jahr gebeten, um ein friedliches Leben, Reichtum, Glück und Gesundheit und eine gute Ernte im kommenden Jahr. Am Abend ißt man Reispudding und Reiskuchen, die »niangeng« und »niangao« heißen. Das soll »niannan you geng« bedeuten, jedes Jahr eine gute Ernte haben beziehungsweise »gao«, erhöhen, daß das Leben Jahr für Jahr besser wird. Mit Feuerwerkskörpern verabschiedet jede Familie das alte Jahr, und am kommenden Tag soll das Abbrennen von Feuerwerken, »kai men hong«, einen guten Anfang sichern. Nach dem Frühstück geht die ganze Familie mit Papiergeld, Weihrauch und Knallkörpern zu den Gräbern der Ahnen. Zwischen dem zweiten und dem achten Tag des neuen Jahres besucht man Verwandte. Neuvermählte kommen mit Geschenken an Sämereien zu ihren Eltern.

An solchen Tagen fällt den Kindern Gertrudes auf, daß sie weniger Besuche machen und erhalten als andere, weil ihnen die Verwandtschaft mütterlicherseits abgeht. »Mama, wo ist Deine Mama?« fragen sie dann. Gertrude mache eine unbestimmte Bewegung nach Nordwesten.

»Dort, hinter den Bergen.« »Warum können wir Oma nicht besuchen?« »Es ist viel zu weit.« »Ist es dort schön?« »Ja, es ist dort sehr schön.« »Hat uns die Oma lieb?« »Ja, die Oma hat euch alle herzlich lieb«, erwidert Gertrude und sagt dann unvermittelt, »und jetzt, bitte, fragt nicht mehr.« Die überraschten Kinder sehen erst jetzt, daß ihr die Tränen in den Augen stehen.

Vom achten Tag des ersten Mondmonats an werden in Hucang drei Tage und Nächte lang Opern aufgeführt. Daran sind mehrere Truppen beteiligt, die miteinander um den ersten Preis wetteifern. Der listige Kanzler Zhu Geliang aus den »Drei Königreichen« tritt ebenso auf wie der Affenkönig Sun Wukung, aus der »Reise nach dem Westen«, der eine besondere Lieblingsfigur Gertrudes werden soll. Wollte man alle Episoden aus der »Reise nach dem Westen« spielen, welche den Abt Xuanzang mit Affen-, Schweinekönig und einem Mönch zur Beschaffung von heiligen Sutren nach Indien führt, so würden drei Tage nicht reichen, sondern man müßte einen ganzen Monat veranschlagen. Den optisch absoluten Höhepunkt bringt aber das Laternenfest, das am 15. Tag nach dem ersten Tag des Mondjahres gefeiert wird. Schon einige Tage vorher wird in einer feierlichen Zeremonie der Drachenkopf »eingeladen«, das heißt vom luftigen Gebälk der Halle, in welcher er das Jahr über aufbewahrt wird, heruntergeholt und, soweit es nötig ist, ausgebessert und neu gestrichen. Neue weiße Papierstücke werden behutsam auf die zarten Bambusspanten aufgeklebt und schließlich mit Kreisen und Halbkreisen rot, weiß, blau und grün bemalt. Dann kommt jemand mit dem Schnurrbart des Drachen aus weißen Papierstreifen. Ein anderer klebt dem Drachen ein »Wang« aus Goldpapier, das Zeichen für »König«, auf die Stirn. Schließlich wird für die neun Gruppen, die zusammen den Körper des Fabeltieres bilden werden, die Reihenfolge ihrer Positionen ausgelost.

Dorfstraßen in Hucang

Mit dem Gong werden die Dorfbewohner verständigt, daß sie die Papierlaternen vorbereiten mögen. Dann wird der frisch hergerichtete Drachenkopf auf den Holzplatz getragen, wo normalerweise Bäume und Bambusstämme zerhackt werden. Bevor jede Familie mit ihren bunten Laternen herauskommt, geht sie hinaus vor das Dorf zu den Gräbern, um die Ahnen einzuladen, bei diesem Ereignis anwesend zu sein. Dann kommen alle mit den Laternen heraus und formieren sich zu einem Lichterdrachen, der mehrere hundert Meter lang ist.

Auf den Laternen kleben rote Zeichen wie »Reich werden«, »Glücklich sein«, »Immer nach Wunsch«. In der freien Hand hält man drei Weihrauchstäbchen. Dann setzt sich der Drache vom Knallen der Feuerwerkskörper, dem Dröhnen der Gongs und den quäkenden Suonas der Kapelle begleitet, in Bewegung. Als erstes wird das Holzgestell mit dem riesigen Kopf getragen, gefolgt von einem kleinen Papierschrein und erst dann kommt der gezackte Schwanz. Überall wo der Drache hinkommt, werden Feuerwerke abgebrannt. Fünf Plätze im Dorf, wo es dafür Raum genug gibt, sind die Stationen, wo der Drache sich dreht und mit dem Kopf in der Mitte vorübergehend zum Stillstand kommt. Bevor sich die Holzbretter quietschend zu einer großen leuchtenden Blume zusammenziehen, laufen die letzten Gruppen in einer langen Lichterlinie denen nach, die schon konzentrische Kreise bilden. Gertrude erinnert das an den Krummstab des heiligen Nikolaus.

Der Drache, der über die Luft und das Wasser gebietet, bestimmt das Wohl und Gedeihen des Dorfes im angebrochenen Jahr. Schickt er rechtzeitig Regen und läßt er ihn auch rechtzeitig wieder aufhören, so ist Hucang eine gute Ernte sicher. Er vermag es, den Kindern Kraft zu geben. Daher werden sie, nach drei Verbeugungen, unter seinem Kopf durchgereicht und die Weihrauchstäbchen, welche die Eltern dabei in Händen halten, nimmt man als Glücksbringer heim.

Noch vor dem Beginn des Mondneujahres zur Zeit des Dongzhi, der Wintersonnenwende, gilt es, den Ahnen Respekt zu bezeugen und ihre Gräber zu säubern sowie Sesamkuchen anzubieten. Wird Dongzhi nicht der Sitte gemäß begangen, so wird man im kommenden Jahr nach dem Volksglauben immer frieren.

Doch das Frieren ist Gertrude und ihrer Familie trotz des den Ahnen korrekt bezeugten Respektes sicher. Das Klima Hucangs ist aggressiv – an die vierzig Grade im Sommer und bitter kalt im Winter. Das alte Gehöft der Dus ist mit seinen geschwungenen Giebeln und seinen kunstvollen Holzschnitzereien in den Türfüllungen wie alle alten Häuser der Gegend vom künstlerischen Standpunkt betrachtet ein Juwel. Der Legende nach sollen die Häuser der Beamten Feng Su und Feng Ding während der Tang-Zeit von Lu Ban, dem Gott der Zimmerleute, höchstpersönlich gebaut worden sein, und nicht nur das, Lu Ban hat in der Gegend sogar etwas dazugelernt. Ein alter Mann hat ihm die Fischkopfmanschetten für Holzbalken gezeigt. Jedes einzelne Fenster des Hauses der Dus ist ein Beispiel an spielerischer Leichtigkeit mit Holz umzugehen. Doch schützt nur Ölpapier vor der Winterkälte, welche im Januar die Quecksilbersäule auf unter 10 Minusgrade drücken kann.

An jedem Neujahrsabend klebt Chengrong neues Papier auf die alten Holzrahmen. Er macht dies meisterhaft ohne ein einziges Fältchen, und die Zimmer sind nachher viel heller. Doch so wie das Licht dringt auch die Kälte durch. Gertrude denkt zurück an die Kohlenöfen ihrer Jugendtage, wo man sich die Hände wärmen konnte, und greift dann wieder zu Nadel und Faden, um nach chinesischer Fasson Stoffschuhe für die ganze Familie herzustellen. Mehr als 10 Paar bringt sie im Laufe eines Jahres fertig. Frostbeulen an den Fingern machen ihr die Arbeit schwer. So sitzt sie am Abend bei dem winzigen Flämmchen der Öllampe, deren Kolben Chengrong umgedreht hat, damit sie weniger verbraucht, näht Schuhe, bessert Kleider aus und liest den Kindern Märchen vor. Besonders beliebt bei den Kindern ist Andersens Geschichte von der »Kleinen Meerjungfrau«.

»Die kleine Meerjungfrau zog den Purpurteppich vom Zelt fort und sah die schöne Braut mit ihrem Haupt an der Brust des Prinzen ruhen«, liest Gertrude mit leiser aber ausdrucksvoller Stimme. Die Kinder hängen an ihren Lippen, »und sie beugte sich nieder, küßte ihn auf seine schöne Stirn, blickte zum Himmel auf, wo die Morgenröte mehr leuchtete, betrachtete das scharfe Messer und heftete ihre Blicke dann wieder auf den Prinzen, der im Traum den Namen der Braut rief. Sie allein lebte in seinen Gedanken, und das Messer zitterte in der Hand der Meerjungfrau – aber dann warf sie es weit hinaus in die Wogen.« Ein »oh« kommt von den Kindern, gefolgt von einem Seufzer, als sich die kleine Meerjungfrau in Schaum auflöst. »Wie kann die Hexe so grausam sein?« rufen die Kinder, und: »Hätte die Meerjungfrau sprechen können, so wüßte der Prinz alles.« Auch die Mutter ist ergriffen. Noch viele Jahre später erinnert sich Trudi an diese Abende: »Alles war still. Man konnte hören, wie sie den Faden zog und von draußen den starken Nordwind. Eine kalte Winternacht in einem alten Haus ohne Ofen. Es war so kalt und das Zimmer war so schwach erleuchtet. Aber wir saßen neben ihr und fühlten beglückt ihre Liebe. Das war wie ein sonniger Frühlingstag für uns oder das Gefühl, sich in einer warmem Märchenlandschaft zu befinden. Nach längerer Zeit besann sich Mutter wieder und sagte: ›Kinder, Gesicht waschen und zu Bett gehen!‹ Wir wuschen uns das Gesicht und sagten der Mutter gute Nacht. Mit dem Segen der Mutter und beim rhythmischen Geräusch des Fadens schliefen wir allmählich ein.«

Auch die Sommerhitze ist für Gertrudes zarte weiße Haut eine fast unerträgliche Herausforderung. Im Hochsommer folgen vierzig heiße trockene Tage aufeinander, an denen die Sonne erbarmungslos herunterbrennt. Gertrude reagiert darauf mit Hautinfektionen, die sich leicht entzünden und dann eitrig werden. Glücklicherweise hat sich Chengrong vom medizinischen Können seines Vaters etliches abgeschaut. Gertrude besteht darauf, trotz der großen Schmerzen ihre Arbeit wie üblich zu verrichten. Chengrong muß sie zwingen, sich etwas auszuruhen, kocht Kräuter, sticht mit einer kleinen Nadel die Blasen auf und wechselt so oft wie möglich den Verband. Im Sommer gibt es zwischen ihm und seiner Frau stets einen Wettlauf zum Herd, wenn es darum geht, das Feuer anzufachen. »Laß es mich machen!« sagt er. »Du fürchtest die Hitze der Flammen. Feuer zu machen ist mein Patent!«

Alfred, der 1950 die Aufnahmeprüfung in die Mittelschule in Dongyang bestanden hat, beendet im Herbst 1952 die Unterstufe. Chengrong und Gertrude sind sich einig, daß die Kinder trotz der beengten Verhältnisse die bestmögliche Schulbildung erhalten sollen. Als Lebensgrundsatz gibt Chengrong seinen Kindern »Zhizu Changle« mit: »Wenn du zufrieden bist, dann bist du immer glücklich«. »Aber«, so schärft er ihnen ein, »das darf nicht für das Studium und die Arbeit gelten. Beim Lernen und beim Arbeiten soll man sich an den Besseren messen. Für das Lernen gibt es keine Grenzen. Wenn man in dieser Hinsicht nicht mit sich zufrieden ist, dann kann man immer noch Fortschritte machen.«

Alfred sehnt sich danach, weiter lernen zu können, doch die Eltern wissen nicht, wie sie die Studiengebühr auftreiben können. Nach langen Überlegungen und Beratungen entscheiden sie, daß Alfred sich für die Aufnahmeprüfung in die Pädagogische Akademie der einige hundert Kilometer weiter südlich gelegenen Großstadt Jinhua einschreiben lassen soll. Im Vergleich zur Oberstufe der Mittelschule in Dongyang zahlt man dort weniger Schulgeld und kann nach Schulabschluß auch leichter einen Posten finden. Aber auch diese geringe Gebühr stellt die Familie vor fast unlösbare Aufgaben. Es schneidet Alfred ins Herz, als er sieht, daß seine Mutter ihr goldenes Armband von der Mutter in Wien in drei Stücke teilt, einen Teil für das Schulgeld, einen für Dünger und einen für Saatgut. Alfred gelobt sich, dies nie zu vergessen und immer Anstrengungen zu machen, das Los seiner Familie in Hinkunft zu verbessern. »Der liebe Gott,« würde Gertrude sagen oder »LaoTian«, der alte Himmel, zeigt ein Einsehen. Als Alfred im zweiten Semester in Jinhua studiert, kommt aus Peking ein Abgesandter des Energieministeriums. Unter mehr als dreihundert Schülern werden siebzig ausgewählt und zu einem technischen Studium nach Peking geschickt. Alfred erhält ein monatliches Taschengeld von siebenundzwanzig Yuan. Damit bestreitet er nicht nur seinen Lebensunterhalt in Peking, sondern versucht möglichst viel davon heimzuschicken. Die anderen Kinder bemühen sich so gut es geht in Hucang möglichst viel zum Auskommen des bescheidenen Haushaltes beizutragen. Elisabeth lernt von einer Nachbarin Schuhe herzustellen und die Oberteile zu besticken. Trudi versucht ihren Beitrag zum Brennstoffvorrat zu leisten. Sie sieht, daß die Nachbarskinder Blätter für den Küchenherd sammeln, doch fassen die kleinen Patschhändchen nicht viel, und sie ist noch zu klein, um einen Korb tragen zu können. Der Vater weiß Rat und macht ihr aus Bambus eine lange Holznadel, an welche er einen Faden knüpft. So kann sie die Blätter nach und nach auffädeln. Ist der Faden voll, so werden die Blätter mit einem Hölzchen am Herunterfallen gehindert, und Trudi beginnt einen neuen. Wenn sie genug beisammen hat, dann trägt sie alles auf der Schulter heim, und die Mutter trocknet die Blätter im Hof. Als Trudi größer wird, kann sie mehr tragen. Wenn es stark regnet, dann tritt der Fluß über seine Ufer und läßt Schilf zurück, das von ihm mitgerissen worden ist. Wenn sie rechtzeitig vor den anderen Kindern dort ist, dann findet sie genug davon. Zur Erntezeit geht sie mit einem

Bambusrechen auf die Felder, um dort das Stroh zusammenzuharken. Ein großes Strohbündel auf dem Rücken, mit dem sie wie eine riesige Zikade aussieht, schwankt sie nach Hause. Einmal hat sie beim eifrigen Zusammenrechen eine große Schlange übersehen und sie in das Stroh gebunden. Daheim schießt das Tier heraus und rumpelt über die Holzstiege. Mutter sagt noch: »Jetzt sind die Mäuse schon am Tag unverschämt!« bevor sie sieht, was sich da mit großer Geschwindigkeit herunterwindet. Die Schlange zischt. Gertrude reißt das Kind weg, rennt zum Nachbarn und bittet ihn um Hilfe.

Als Trudi die Volksschule besucht, muß sie schon am Feld mithelfen. Zum Schulschluß braucht man in der Landwirtschaft dringend zusätzliche Arbeitskräfte. Der Vater nimmt sie mit hinaus auf die Reisfelder, um die Wurzeln der abgeernteten Reispflanzen herauszuhacken. Sonst können die Wasserbüffel die Felder nicht umpflügen. Die Stärkeren machen den Schnitt, und die Schwächeren entfernen die Wurzeln. Es ist so heiß wie zur Zeit, als der himmlische Jäger acht der neuen Sonnen herunterschoß, um die Menschheit vor dem Verschmachten zu bewahren. Bald ist die kleine Trudi erschöpft und keucht. Der Vater schaut besorgt und übernimmt ihre Arbeit. Dann sagt er: »Komm, machen wir das noch fertig, und dann ruhen wir uns aus.« Er teilt das zu bearbeitende Stück Boden in kleine Stücke und wetteifert mit ihr, wer rascher vorankommt. Unter dem großen Baum erzählt er der Kleinen Geschichten, wie die vom Gerichtssoldaten, der einen gefangenen Mönch beim Kreisgericht abliefern soll und mit ihm auf dem Wege in einer Herberge übernachten muß. Der listige Mönch schlüpft in der Nacht aus seinen Fesseln, schert dem tief Schlafenden den Kopf und macht sich davon. Als der Gerichtsbüttel am nächsten Tag erwacht, fährt er sich über den kahlen Kopf und äußert dann erstaunt: »Der Mönch ist da, aber wo bin ich?« Trudi lacht schallend, und ihr Gelächter begleitet auch Vaters

Erzählung von der faulen Frau, die, obwohl ihr der Ehemann für die Zeit seiner Abwesenheit einen großen Teigfladen um den Hals gelegt hat, trotzdem verhungert, weil sie zu faul war, ihn über die unmittelbare Reichweite der Zähne hinaus anzuknabbern.

Solche Probleme eines nicht genützten Überflusses hat Gertrudes Familie nicht. Daheim kommt fast ausschließlich Gemüse auf den Tisch. Es kommt aus den vom Vater betreuten Gemüsebeeten, wo sich kein einziges Hälmchen Unkraut befindet. Beim Kochen nimmt Gertrude Gemüse und eine kleine Menge Reis, um daraus Rettichreis, Fisolenreis und ähnliche Gerichte herzustellen. Manchmal püriert sie das Gemüse und macht daraus Fladen. Der Familie schmecken die Gerichte, welche mit der in Wien erlernten böhmischen Küche nicht die geringste Ähnlichkeit aufweisen.

1953 wird im Dorf eine Genossenschaft gegründet. Die Mitglieder bringen Zugtiere und Gerät ein. Der Ernteertrag wird dann je nach eingebrachtem Grundbesitz verteilt. Das sollte für alle das Einkommen steigern, doch die Familie Chengrongs darf sich nicht beteiligen. Trotz ihrer für alle sichtbaren Armut werden sie als »reiche Mittelbauern« klassifiziert und damit diskriminiert. Gertrude strengt ihre Phantasie an, wie sie der Familie mehr Nahrung und Einkommen sichern könnte. Sie züchtet Hühner, Enten und Angorakaninchen. Die Wolle der Kaninchen kann sie bei der Sammelstelle verkaufen und bekommt dort immer den Preis, den man für beste Qualität bezahlt. Außerdem verwendet sie die Angorawolle, um ihrer Familie Pullover zu stricken. Sogar das Schulgeld für den zweitältesten Sohn bezahlt sie einmal mit Angorawolle.

Langsam scheint es mit den Dus bergauf zu gehen. 1955 stellt Mao Zedong vor der sechsten Plenartagung des Siebenten Zentralkomitees klar, daß er nicht wie Stalin den Aufbau des Landes auf Kosten der Bauern vorantreiben will. Landwirtschaft und Leichtindustrie sind zu fördern, denn die Bevölkerung soll Geld haben, um konsumieren zu können – »Wir haben den Bauern noch keine Vorteile verschafft, die Bauern sind noch nicht gemeinsam zu Wohlstand gekommen, und Getreide wie auch industrielle Rohstoffe sind noch nicht reichlich vorhanden.« Stahl kann man nicht essen.

China durchläuft eine relativ ruhige Phase. Chengrong und Gertrude können mit mehr Freude im Herzen die Feste begehen, welche der chinesische, aber auch der europäische Festkalender zu bieten hat. Eingedenk der schönen und feierlichen heiligen Abende ihrer Kindheit möchte Gertrude auch ihrer Familie schöne Weihnachten bieten. Von den Bergen schmuggelt sie mit einem Tuch verdeckt eine kleine Kiefer nach Hause. Bei den Vorbereitungen für den Heiligen Abend packt sie das Heimweh nach Wien, nach der Mutter, nach den anderen der Familie. Sie spricht wenig und weint, wenn sie meint, daß sie niemand dabei sieht. Doch dann überwiegt die Freude, ihren Lieben in China etwas zu bieten, das nur eine europäische Mutter bieten kann. Schon Monate vor Weihnachten hat sie für das Christfest gespart und selbst kleine Geschenke verfertigt. Von der Mutter in Wien übersandte Kleider näht sie für die Kinder um und spart die in den Päckchen gefundene Schokolade auf. Trudi und die kleine Schwester dürfen nicht ins Zimmer, wo das Christkind hineinfliegt und ihnen etwas unter den Baum legt. Für die beiden Brüder und die große Schwester gibt es gestickte Sparbüchsen, für die kleinen Mädchen Puppen und einen Teddybär. Trudis Puppe bekommt von der Mutter den Namen Lilly und der kleine Bär heißt Billy. Trudi spielt damit bis sie heiratet.

Auch die Geburtstage werden nach Wiener Muster gefeiert. In China, vor allem im Dorf, wird nur der erste Geburtstag begangen, und dann kommt lange nichts. Man wird mit dem jeweiligen Mondneujahrsfest ein Jahr älter. Erst ab dem 50. Geburtstag werden alle zehn Jahre mit großen Geburtstagen begangen. Man ißt die Langes-Leben-Nudeln mit zwei Eiern, und die Verwandten bringen Geschenke, der Schwiegersohn Kleider und Schnaps.

Im Hause Du bekommt jedes Kind seine Geburtstagsfeier. Die Mutter kocht an diesen Tagen etwas Besonderes und hat selbstgemachte Geschenke vorbereitet. Je nach Alter der Kinder sind es Spielzeug, Schuhe oder ein neuer Pullover, den sie entweder aus einem aufgetrennten Stück aus Wien oder der Wolle ihrer Kaninchen gestrickt hat. Zu diesen Festen, welche die Familie für sich allein feiert, kommen die vielen Anlässe des chinesischen Bauernjahres.

Zu Lichuan beginnt der Frühling, und die Bauernfamilien sollen mit dem Schulterjoch Wasser tragen. Nach altem Brauch wird Dongmitang gegessen. Das österreichische »Allerheiligen« wird zu Gertrudes Verwunderung im Frühjahr 106 Tage nach der Wintersonnenwende gefeiert. Es ist nicht wie in Österreich ein Fest des Vergehens, sondern der Erneuerung. Wie in anderen Kulturen glaubt man auch in China, die Weide brächte Regen herbei. Für die junge Saat auf den Feldern ist rechtzeitiger Regen von größter Wichtigkeit. Daher stecken die Bauern Hucangs Weidenzweige in die Erde. Da die Weide als erste sprießt und blüht, besitzt sie auch einen starken Abwehrzauber. Daher flicht man sich zu Qingming (qing: das Gras ist frischgrün, ming: die Sicht ist klar) Weidenzweige ins Haar. Es geht die Redensart, wer zu Qingming keine Weidenzweige breche, sei bald ein Greis. Ein noch unerfreulicheres Schicksal prophezeit eine andere Redensart: »Wer zu Qingming keine Weidenzweige trägt, wird als gelber Hund wiedergeboren werden.« Man geht hinaus vors Dorf, reinigt und schmückt die Gräber und bringt Opfer dar. Außerdem opfert man dem Fünfgetreidegott Wugushen die Qingminguo, Qingmingfrüchte. Qingming ist auch die Zeit für Ausflüge ins Grüne, eine Gelegenheit, welche

Gertrude und Chengrong, denen die Wanderlust geblieben ist, gerne nützen.

Am fünften Tag des fünften Mondmonats feiert das Dorf das Duanwu, das Drachenbootfest. Chengrong erzählt Gertrude, daß das Fest die Erinnerung an den großen Dichter und Staatsmann Qu Yuan feiert, der aus Verzweiflung über die Politik seines Königs zur Zeit der Kämpfenden Staaten im ersten Jahrtausend vor Christus Selbstmord verübt hat. Im Sinne der Lehren von Konfuzius, nach denen ein Beamter seinen Herrscher nie stürzen, sondern ihn schlimmstenfalls durch Selbstmord auf Mißstände aufmerksam machen darf, hat Qu Yuan die Konsequenzen gezogen, nachdem er den König von Chu vergeblich zum Widerstand gegen das expansionistische Qin aufgerufen hat. Mit einem an sich gepreßten großen Stein sprang er der Überlieferung nach in den Fluß. »Und was hat das mit den Knödel aus klebrigem Reis zu tun?« fragt Gertrude und »Warum heißt das Fest dann Duanmu und nicht nach Qu Yuan?« »Für die Zongzi gibt es zwei Erklärungen«, erwidert Chengrong, »gemäß der ersten haben die Leute nach dem Tod Qu Yuans Knödel ins Wasser geworfen, damit die Fische im Fluß diese und nicht seine Leiche fressen. Nach der anderen Version ist Qu Yuan in der Han-Zeit vor etwa 2000 Jahren einem Mann erschienen und hat ihn aufgefordert, die für ihn bestimmten Opfergaben mit Blättern zu umwickeln und sie erst dann ins Wasser zu werfen, damit ihm die Flußdrachen nicht alles wegfräßen. Davon haben die Zongzi ihr heutiges Aussehen bekommen.« »Und woher kommt der Name Duanmu?« Chengrong muß etwas nachdenken und erklärt dann: »Duanmu bedeutet so etwas Ähnliches wie ›beginnender Widerstand‹. Damit ist gemeint, daß das dunkle weibliche dem hellen männlichen Prinzip mehr Widerstand leistet und nach dem Datum der Sommersonnenwende, die mit dem Drachenbootfest zusammenfällt, die Tage wieder kürzer werden.« Noch etwas fällt

Chengrong zu Qu Yuan ein: »Ich habe in der Zeitung gelesen, daß der Weltfriedensrat für das Jahr 1953 die Parole ausgegeben hat, an vier bedeutende Persönlichkeiten zu denken. Neben Kopernikus, Rabelais und Marti ist das auch unser Qu Yuan.« »Und wer ist der Kerl mit dem gesträubten Bart, den sich jetzt manche Leute ins Zimmer hängen?« »Oh, das ist der Zhongkui, der die bösen Geister bannt« erwidert Chengrong, »der ist so häßlich, weil er zu Lebzeiten immer wieder die Geister herausgefordert hat, und die haben ihn dann verunstaltet. Wegen seines Aussehens hat ihm dann der Kaiser kein Amt verliehen, obwohl er die Staatsprüfung als bester bestanden hat. Später ist er dann dem Kaiser immer wieder im Traum erschienen, und der hat seinen Fehler erkannt. Er verlieh Zhongkui einen Ehrenmantel und machte ihn zum Banner der bösen Geister. Mit seinem Bild wollen die Bauern die Dämonen von ihren Gehöften fernhalten.«

Auch das Mondfest, das am 15. Tag des achten Mondmonats gefeiert wird, gefällt Gertrude, und sie mag auch die Geschichten, die ihr Chengrong dabei erzählt. Es sind ihr bei manchen Bauern Hasenfiguren aus Holz und Ton aufgefallen, die sie an ihr heimatliches Ostern erinnern. Chengrong erklärt ihr, daß der Mondhase nur eine Nebenfigur des Mondfestes ist. Der Legende nach wurde die Kapsel der Unsterblichkeitspille, welche Chang E, die Mondfee, auf dem Mond ausspuckte, zum Mondhasen. Chang E wiederum ist die Frau des himmlischen Jägers Hou Yi, der die Menschheit von den acht sengenden Sonnen befreite. Statt ihres Gatten nahm sie das Unsterblichkeitselixier und flüchtete sich vor seinem Zorn auf den Mond. Chengrong weiß aber noch von anderen Bewohnern des Mondes zu erzählen, von Wu Gang, dem Holzfäller, der einen Zimtrindenbaum zu fällen hat, der immer wieder nachwächst und vom Alten im Mond, der die Eheleute zueinander finden läßt. In etlichen der Höfe sind Tische aufgebaut. Darauf befindet sich eine auf

Papier gemalte Darstellung des Mondes. Oben ist die Mondgöttin zu sehen und im unteren Feld ihr Palast und der Mondhase. Dazu kommen die Figur eines Hasen, Bohnenranken als Hasenfutter, ein Bäumchen und Mondkuchen. Die köstlichen Mondkuchen haben es Gertrude angetan, welche in Wien ein »Mehlspeistiger« war und in der neuen Heimat die Süßspeisen vermißt. Chengrong erklärt ihr, daß die runde Form der Mondkuchen die Einheit der Familie symbolisiert, und daß man aus diesem Grunde versucht, zum Mondfest daheim zu sein.

Abgesehen vom Laternenfest bringen die Tempelfeste Dongyangs und der umliegenden Orte das bunteste Treiben. Aus dem Tempel wird die Buddhastatue herausgetragen, oder es werden von den geschickten Kunsthandwerkern, über welche die Gegend von alters her verfügt, kleinere Statuen hergestellt, welche dann in einer Prozession mit Lichtern, Fahnen, Trommeln und Gongs durch die Straßen des Dorfes getragen werden. Nach dem Buddha sind dann große Papierpferde und Buddhabilder in der Prozession zu sehen. Dann kommen Laternen in vielen Formen, für welche Dongyang und seine Außenbezirke ebenfalls berühmt sind. Große Laternen, welche nach Art der Laterna Magica laufende Löwen zeigen, die von der Hitze der darunter brennenden Kerzen angetrieben werden. Es folgen solche in der Form von Lotosblumen oder Feenfiguren. Ein munterer Trupp Stelzengeher reiht sich an, in Kostümen aus der chinesischen Sagenwelt. Löwentänzer und schließlich Tänzer, welche den »Tanz der großen Köpfe« zeigen. Gertrude und ihre Kinder müssen lachen, wenn der, welcher sich den Pappkopf des schnurrbärtigen alten Mannes übergestülpt hat, mit der alten Frau, auf deren Kopf ein Haarknoten gemalt ist, greint und zankt, diese zurückschimpft, den Mann mit ihrem Fächer schlägt und schließlich von ihm auf dem Rücken weggetragen wird.

In vielen Dörfern wird am dreizehnten August der Geburtstag des »Großen Kaisers Hugong« mit einem Tempelfest begangen. Angeblich hat ein Überseechinese aus Südostasien einmal zu ihm gebetet und ist dann unermeßlich reich geworden. Dem »Hugong Da Di« sind Opfer aus Reis, Sesam, grünen und roten Bohnen und Getreide darzubringen. Dazu kommen Gummigeleetiere in der Form von Löwen, Einhörnern, Elefanten. Außerdem nimmt er gerne Stickereien, Tonfiguren und Papierschnitte.

In Hucang stehen zu dieser Zeit die Tempel des Hu Gong Da Di und des Ben Bao Tu Di, des lokalen Erdgottes. Hu Gong hat vor fast tausend Jahren in der Gegend wirklich gelebt und wurde dann wie eine Reihe von verdienstvollen Beamten in seiner Heimat später deifiziert. Es handelt sich um einen Kreisvorsteher namens Hu Zi, welcher in der ganzen Gegend wegen seiner Aufrichtigkeit, Fairness und Selbstlosigkeit berühmt war. Als es zu seiner Amtszeit in der Gegend Dongyangs Naturkatastrophen gab, nahm er das Wagnis auf sich, dem Kaiser zu berichten und ihn um Steuererleichterungen für die Einwohner zu bitten. Der Kaiser erließ hierauf den Bürgern Dongyangs für drei Jahre die Abgaben. Nach seinem Tod wurde Hu Zi zuerst durch eine Statue geehrt, dann wurde ein Tempel errichtet, nachdem er mehrere erhört hatte, die um seine Hilfe baten.

Ohne den Erdgott hätte allerdings Hu Gong Da Di nicht seines Amtes walten können, denn jeder Gott, der sich irgendwo niederläßt, braucht die Erlaubnis des lokalen Erdgottes. Der wird als lächelnder, gütiger, alter Mann mit weißem Haar und Bart dargestellt. Bevor man zu ihm in den Tempel kommt, brennt man daheim ein Weihrauchstäbchen an, um dem Gott den Besuch im Tempel anzukündigen. Aber auch dann, wenn er nicht direkt involviert ist, bedarf es seiner Mitwirkung. Auch vor Gängen zum Wahrsager ist mit Weihrauch die Zustimmung des Ben Bao Tu Di einzuholen.

Die Zeit, in der diese religiösen Bräuche stark kritisiert werden, hat noch nicht begonnen. Einige Monate lang scheint es, als würde überhaupt eine tolerantere Periode ihren Anfang nehmen. Nach der Ungarn-Revolution ermuntert Mao Zedong seine Landsleute in der Kunst hundert Blumen und in der Wissenschaft hundert Schulen miteinander wetteifern zu lassen. In einer Rede vom 27. Januar 1957 vor einer Konferenz von Parteisekretären warnt er davor, auf die Bevölkerung zu viel Druck auszuüben, da man sonst in eine ähnliche Situation wie Rakosi in Ungarn kommen könnte. Das Gesetz, so betont er, muß respektiert werden. Vielleicht wird diese Bewegung das Stigma von Chengrong und seiner Familie nehmen? Welches Recht haben die Funktionäre eigentlich, ihm die Bürgerrechte zu verweigern? Nicht zufällig kommt während der ersten Hälfte des Jahres 1957 seitens der chinesischen Juristen die härteste Kritik.

Sie beklagen, daß in den früheren politischen Kampagnen vielen Menschen Unrecht geschehen sei und viele örtliche Funktionäre unter Mißachtung des Rechtes ihre eigenen Anschauungen und Worte als »Goldene Regeln und Jadegesetze« betrachteten. Chengrong und seine Familie beginnen zu hoffen, doch die Enttäuschung kommt zu bald. Obwohl er selbst von großen Mängeln in der Rechtspflege gesprochen hatte, zieht Mao Zedong gegen die Kritiker vom Leder und startet die »Antirechtsabweichlerkampagne«, welche auf das Leben vieler Menschen eine tiefgreifende Auswirkung haben soll. Die Kampagne spült eine große Anzahl von ausgebildeten Juristen aus ihren Positionen in der Regierung, bei Gericht und an den Universitäten. Die Justizministerin Shi Liang, Nichtkommunistin und während der dreißiger Jahre Mitglied der Shanghaier Menschenrechtsbewegung, verliert ihr Amt. Das Amt des Justizministers wird abgeschafft und seine Funktionen signifikanterweise dem Sicherheitsministerium übertragen. Nun beginnt die große Chance für

»Barfußjuristen«, die zwar nur wenige Semester Jus studiert haben, doch mit der richtigen politischen Fahne winken, in die Positionen der Fachleute einzurücken. Der Druck gegen den tatsächlichen oder nur vermeintlichen Klassenfeind beginnt stark zuzunehmen. Auch in Dongyang hört man die Signale aus Peking und beginnt mit einer Bewegung gegen die rechten Elemente, die sich bald auf die umliegenden Dörfer ausbreitet.

KAMPAGNEN, KAMPAGNEN, KAMPAGNEN

Wozu in Hucang noch nach konterrevolutionären Elementen suchen? Man hat doch in Chengrong einen ständigen Sündenbock parat und kann befriedigt in die Kreisstadt berichten, daß man bei der Suche nach solchen Elementen fündig geworden ist. Chengrongs politische Umerziehung wird verstärkt. Bevor er in den kalten Nächten zu den Versammlungen geht, auf denen er kritisiert wird, zieht ihm Gertrude sorgsam die Jacke zur Hose hinunter und bindet ihm einen Schal um den Hals. Dann sagt sie meistens: »Heute ist es besonders kalt. Paß auf, daß du dich nicht erkältest!« Dann küßt sie ihn fest und fügt hinzu: »Ich warte auf dich, bis du heimkommst.« Chengrong erwidert den Kuß und sagt wie immer: »Wenn es spät wird, dann warte nicht auf mich, sondern geh ins Bett!«

Doch es soll noch schlimmer kommen. Mao will 1958 den Russen zeigen, daß er der bessere Kommunist ist. Schon früher hat es Meinungsverschiedenheiten gegeben – wegen des Status der Mongolei, wegen des Verlaufes der chinesisch-russischen Grenze und wegen der Anwendbarkeit der mit Indien gemeinsam herausgebildeten Prinzipien der friedlichen Koexistenz auf die wechselseitigen Beziehungen sozialistischer Länder. Doch diese Gegensätze blieben weitgehend verborgen und wurden von der durch Mao propagierten Politik des »Auf eine Seite Lehnens« überdeckt. Rußland war während der ersten Jahre der Fünfziger der auch von Mao deklarierte Große Bruder. »Sulian lao dage, gei wo zixingche« sangen die Kinder, wenn sie eines Russen ansichtig wurden. »Ehrwürdiger russischer großer Bruder, schenk mir doch ein Fahrrad!« Doch 1958 läßt Chruschtschow seinen kleinen Bruder gleich zweimal im Stich. Erstens weigert er sich, das frühere russische Versprechen in die Tat umzusetzen, die Atomgeheimnisse mit den Chinesen zu teilen, und zweitens läßt er bei der Krise zwischen dem Festland,

Taiwan und den USA den chinesischen Verbündeten im Regen stehen. In einer abgewandelten Form von Trotzkis Theorie der permanenten Revolution propagiert Mao seine »Ununterbrochene Revolution«. Seiner Meinung nach bedarf es nicht der Voraussetzung fortgeschrittener technischer Technologien, um wenigstens »Sprossen« des künftigen Kommunismus in den Sozialismus herüberwachsen zu lassen. Er propagiert den »Großen Sprung vorwärts« und die Gründung der Volkskommunen, die vernichtende wirtschaftliche Resultate zeitigen.

In Hinkunft verrichten Chengrong und seine Familienmitglieder ihre Arbeit nicht mehr auf eigene Rechnung am zugewiesenen Boden, sondern sie werden zur Arbeit eingeteilt. Dafür erhalten sie sogenannte Arbeitspunkte, welche ihnen einen aliquoten Anteil am Ertrag sichern sollen. Wegen der Zurechnung Chengrongs zu den Konterrevolutionären bekommen sie allerdings schlechtere Arbeiten und weniger Arbeitspunkte zugeteilt als die anderen. Gleichzeitig werden ihnen die Segnungen des Großen Sprungs beschert. In einer Riesenkraftanstrengung soll das Volk den Mangel an technischen Gegebenheiten durch verstärkten Einsatz und richtiges ideologisches Denken wettmachen. Dabei soll es nicht durch Nebensächlichkeiten wie das Kochen für die eigene Familie abgelenkt werden. Und so kommt der Befehl, daß alle Haushalte in Hucang ihre Herde abzureißen haben, damit sie nicht die wertvolle Zeit, in der sie für das Vaterland Stahl herstellen, der sich später als unbrauchbar erweist, mit der Herstellung von Essen vergeuden. Lautsprecher feuern die Menge mit Parolen an wie »Jedes Pfund Stahl, das wir aus unseren Haushaltsgeräten herstellen, ist eine Granate gegen Taiwan« und »Nieder mit dem amerikanischen Imperialismus«. Parteifunktionäre klären die bestürzten Dörfler auf, dem amerikanischen Volk gehe es so schlecht, daß es schwarzes Brot essen müsse. Wie gerne hätte Gertrude zu dieser Zeit schwarzes Brot gehabt! Stattdessen kommt das Essen aus einer Gemeinschaftsküche. Dreimal pro Tag Maisbrei. Am Anfang ohne Salz. Am Sonntag ein bißchen Reis.

Von dem »dalian gangtie«, dem »großen Kochen von Stahl und Eisen«, darf sich die Familie Du nicht ausschließen. Von den wenigen Kochgeschirren etwas herzugeben, scheint nicht ratsam zu sein, denn Chengrong und Gertrude spüren, daß es mit der Gemeinschaftsküche bald wieder vorbei sein wird. Andererseits muß Chengrong als Konterrevolutionär seinen Patriotismus besonders unter Beweis stellen. Was bleibt übrig, als das eiserne Kinderbett zu opfern. Elisabeth und Peter schleppen es zum Sammelplatz, während unten am Fluß alle Männer des Dorfes nach Eisenerz suchen.

Die Landwirtschaft wird wegen des Schwerindustrieabenteuers vernachlässigt, und die Gründung der Volkskommunen schafft unlösbare buchhalterische Probleme, so daß nach Fehlern und Schönungen auf allen Ebenen die Zentralregierung aus ganz China falsche Daten erhält. Dazu kommt, daß die lokale Parteizeitung, wie die anderen auch, versucht, mit Tricks wie dem früheren Auseinandersetzen von Reisschößlingen zu besseren Schätzungen des Ernteergebnisses zu kommen, welches dann tatsächlich hinter den Zahlen früherer Jahre zurückbleibt. Auch in anderer Weise versucht man, um der Statistik willen, der Natur Gewalt anzutun. Die Maispflanzen werden mit Bambussplittern »geimpft«, um mehr Kolben zu entwickeln. In Wahrheit gehen viele der Pflanzen an solchen Eingriffen zugrunde.

Auf dem Parteitag am Lushan, der wie ein chinesischer Semmering aussieht, scheut sich Peng Dehuai, der Held des Koreakrieges nicht, Mao Zedong offen die Meinung zu sagen. Es kostet ihn sein Amt als Verteidigungsminister. Lin Biao löst ihn ab, der während der Kulturrevolution diese Position nützen wird, um es zu Maos »engstem Waffengefährten« und Nachfolgekandidaten zu bringen.

Auch im Kreis Dongyang hat man mit denen, die am Großen Sprung oder den Volkskommunen etwas auszusetzen gehabt haben, nicht viel im Sinn. Diejenigen, die Kritik gewagt haben, werden im Jahre 1959 kritisiert und bestraft.

Chinas Wirtschaft ist bereits ins Wanken geraten. Dazu kommt der Abzug der sowjetischen Experten im Zuge des lauter werdenden chinesisch-sowjetischen ideologischen Disputes und eine Reihe von Naturkatastrophen. In China brechen Hungersnöte aus und kosten nicht wenigen Menschen das Leben.

In den Jahren 1961 und 1962 herrscht im Kreis Dongyang wie auch an anderen Orten eine große Dürre. Die Lebensmittelknappheit, die hierauf ausbricht, verschont auch Gertrudes Familie nicht. Verzweifelt versucht sie aus Baumrinde, Graswurzeln und wildem Gemüse eine Art Essen herzustellen, und es bricht ihr das Herz, wenn sie sieht, wie die Kinder Schwierigkeiten beim Schlucken haben. Doch der ungebrochene Optimismus und Humor Chengrongs retten die Situation. »Ihr müßt Euch ein Bankett vorstellen«, sagt er den Kindern. »Schaut einmal. Das hier ist Hongshaorou (rotgeschmortes Fleisch). Es schmeckt wirklich gut! Das hier ist Fisch, und das ist Huhn«. Dann beginnt er mit vollen Backen zu essen. Die Familie macht das Spiel mit, lobt den Geschmack dieser oder jener fiktiven Speise und hilft sich so über das hinweg, was sie wirklich in den Schüsseln hat.

Später versucht Gertrude den Nahrungsbedarf ihrer Familie zusätzlich dadurch zu sichern, daß sie auch Schweine züchtet. Der fünfte Onkel erbittet für Gertrude von der Großmutter, die mehrere Schweine im Stall hat, ein Ferkel. Gertrude tauft es Susi. Mit Geduld gelingt es Gertrude Susi so abzurichten, ihr Geschäft nur an einem bestimmten Ort zu verrichten. Wenn Gertrude »Susi« ruft, kommt das Schwein angerannt und oft schon wenn es ihre Schritte hört. Damit Susi rascher zunimmt, läßt man das Schwein kastrieren, doch der Sauschneider verletzt beim Eingriff das Gedärm. Zwei Tage später hört Gertrude kein Grunzen, als sie in den Stall kommt. Ihre Rufe bleiben unbeantwortet. Dann sieht sie das Schwein tot am Boden liegen. Alle vergießen Tränen und bringen an diesem Tag kein Essen herunter. Auch später gibt Gertrude den Schweinen wie allen ihren Tieren Namen. Wenn es dann ans Verkaufen kommt, ist sie schon viele Tage vorher traurig.

1961 gleitet der Vater Chengrongs bei einer Versammlung der Politischen Konsultativkonferenz des Kreises, einer beratenden Körperschaft, in der die nichtkommunistischen Parteien, Religionsgemeinschaften und Personen aus Wissenschaft und Kultur vertreten sind, am nassen Boden der Toilette aus, verletzt sich und bekommt eine Infektion. Gertrude wacht Tag und Nacht an seinem Bett. Es ist der letzte Beweis für den Schwiegervater, daß seine ausländische Tochter in seiner Familie tatsächlich das »jing lao ai you« zu ihrem Wesen gemacht hat: die Alten zu respektieren und die Jungen zu lieben. Nie hat Gertrude der Schwiegermutter oder irgendeiner anderen älteren Verwandten widersprochen, ihnen immer an den Festtagen ihre Ehrerbietung erwiesen und im täglichen Leben geholfen. Nun opfert sie sich fast für Chengrongs Vater auf. Der ist tief gerührt und sagt ihr unter Tränen: »Du bist wirklich meine wahrhaftige gute Tochter!« Bald darauf stirbt er im Alter von 79 Jahren. So mancher seiner ehemaligen Patienten wendet sich nun an Chengrong, in der Hoffnung geheilt zu werden. Vor allem als Chirurg der traditionellen Medizin macht sich Chengrong in den umliegenden Dörfern einen Namen. Die von ihm hergestellten Salben gegen Infektionen oder Hautkrankheiten wirken gut. Die Herstellung der Arzneien ist schwierig, denn Chengrong fehlen die richtigen Instrumente. Die Heilkräuter gibt er in einen Kochtopf und bäckt sie auf kleinem Feuer, um sie nachher zu stampfen und zu sieben.

Manchmal dauert die Herstellung einer Medizin sogar mehrere Tage. Den Armen gibt Chengrong seine Heilmittel umsonst. Von den anderen bekommt er dafür 5 oder 10 chinesische Groschen, eine kleine Aufbesserung des Familienbudgets.

1962 muß die älteste Tochter Elisabeth wegen der wirtschaftlichen Schwierigkeiten Chinas statt der fünf Jahre Studium an der Landwirtschaftlichen Hochschule in Jinhua schon nach drei Jahren von der Hochschule abgehen. Es gibt zu dieser Zeit zwar schon die freie Liebe in Hucang, wie ein Liedchen aus den fünfziger Jahren beweist:

»Suo la la, suo la la
xi la xi la xi
Meine Eltern haben mich bis achtzehn aufgezogen.
Jetzt hab ich dreitausend Yuan in der Tasche.
Er und ich gingen zur Bezirksbehörde.
Der Amtsvorsteher fragt, warum ich komme.
Um frei die Ehe zu registrieren!
Wir haben uns frei verliebt
und wollen Ehegatten sein.
Du liebst mich und ich lieb dich!
Wir haben ein süßes Leben.«

Doch für Elisabeth ist es nicht so einfach einen Mann durch freie Liebe zu finden. In ihrem Kreis gibt es einen Spruch, der lautet:

»ke ren shi tiao long
wu lai jiu yao qiong«

Die Gäste, heißt das, sind wie die Drachen. Sie kommen nicht zu armen Leuten. Die Dus sind darüber hinaus nicht nur arm, sondern auch noch politisch belastet, und so muß Elisabeth das traditionelle Instrument der Ehevermittlung in Anspruch nehmen. Es findet sich ein Mann, der seit 1956 sein Glück außerhalb Dongyangs sucht. Das trifft auf viele Bewohner der Gegend zu und findet seinen Widerhall auch in Redensarten wie:

»Dongyang Dongyang
Baumeister und Zimmerleute.
Die Dongyang Leute essen sechs Getreide.
Sie bauen in Hangzhou und Shanghai große Häuser...
Wenn sie kein Geld haben, so macht es nichts.
Sie wissen, wie sie bauen.«

Dieser Maxime ist der Bräutigam Elisabeths gefolgt. Doch geht er nicht bloß nach Hangzhou oder Shanghai, sondern tausend Kilometer weiter weg in den rauhen Westen Chinas, in das an Tibet anschließende Hochland von Qinghai. Dort ist er in der Hauptstadt Xining zum Straßen- und Brückenbauingenieur ausgebildet worden.

Am 2. April 1962 läßt er die Verehelichung mit Elisabeth beim Standesamt registrieren. Die wirtschaftliche Lage der Dus ist zu dieser Zeit so schlecht, daß sie der Tochter keine übliche Aussteuer mitgeben können, nicht einmal Bettdecken. Glücklicherweise haben die Kollegen des Bräutigams ihre Stoffmarken zusammengelegt und so können aus der mitgebrachten Baumwolle und dem Stoff die Decken hergestellte werden. Elisabeth folgt ihm 1962 nach Yushu, das an der Grenze zu Tibet liegt. Der Ehemann ist meistens bei den Baustellen, die sich in einer Höhe von fast 4000 Metern befinden. Elisabeth näht Knopfleisten, bearbeitet die Füllung für die in dieser Höhe besonders wichtigen wattierten Mäntel. Im Sommer verdingt sie sich als Bauarbeiterin.

Chengrong wartet während dieser Jahre auf die Beendigung der über ihn verhängten Aufsicht der Massen. Gewiß, so mancher im Dorf gibt ihm augenzwinkernd zu verstehen, daß er die politische Stigmatisierung Chengrongs nicht so ernst nehme, und viele sind ihm für Heilerfolge dankbar, doch jede weitere Massenbewegung kann ihn wiederum mit seiner Familie ins Unglück stürzen. »Sogar dem chinesischen Kaiser Pu Yi hat man pardoniert«, denkt sich Chengrong. Am 10. April 1960 war in der Pekinger Volkszeitung zu lesen, was der Präsident des chinesischen Obersten Gerichtshofes anläßlich der Entlassung Pu Yis aus dem Gefängnis gesagt hat: man müsse auf eine »revolutionär-humanitäre« Weise vorgehen.

Immerhin, während der nächsten Jahre werden zumindest die Kinder Chengrongs politisch nachsichtiger behandelt. Trudi wird in Dongyang in der Mittelschule wegen ihres Fleißes mehrmals gelobt und schließlich als Kandidatin zur Aufnahme in den Kommunistischen Jugendverband zugelassen. Doch vor Mitte der sechziger Jahre verdüstert sich wiederum der politische Horizont, und Trudi bekommt es zu spüren. Weihnachten, der Tag, an dem sie unbedingt bei der Mutter sein will, fällt auf einen Donnerstag. Sie bittet um die Erlaubnis heimzufahren. Die wird ihr vorerst mit dem Hinweis verweigert, daß für diesen Tag der gemeinsame Besuch eines revolutionären Filmes vorgesehen ist. Trudi läßt aber nicht locker und erwirkt schließlich doch ihre Heimreise. Aber beim nächsten Morgensport in der Schule wird sie deshalb öffentlich kritisiert und von der Kandidatenliste des Jugendverbandes gestrichen. Doch die nächste Massenkampagne dämmert schon herauf, und es wird die größte, längste und grausamste seit Anfang der chinesischen Volksrepublik. Im Herbst 1965 gibt Yao Wenyuan, einer der späteren »Viererbande«, mit seiner Kritik in einer Shanghaier Zeitung am Drama »Hai Rui wird aus seinem Amt entlassen« den Startschuß zur Kulturrevolution. Mit dem Stück ist nicht der während der Ming-Dynastie ungerecht auf die Insel Hainan verbannte Beamte Hai Rui gemeint, sondern Peng Denhuai, den die Kritik an Mao Zedong nach dem »Großen Sprung Vorwärts« den Ministerposten gekostet hat. Im darauffolgenden Jahr verlagert sich die Auseinandersetzung von den Zeitungen auf die Straße. Mao mobilisiert seine Anhänger, welche ihm die nach dem Scheitern des Großen Sprunges geschmälerte Macht gewaltsam zurückholen sollen. Und sie gehen auf die Straße, befolgen seine Anweisung: »Bombardiert die Hauptquartiere!«. Jeder, sogar der für die Justiz mitzuständigen Sicherheitsminister Luo Ruiqing, der für ein geordnetes Rechtssystem auftritt, das alle Staatsbürger schützt, wird von den Roten Garden brutal und erbarmungslos verfolgt. Was von ihresgleichen zu erwarten ist, geht aus ihrem Aufruf hervor, den die Klassenfeinde schützenden reaktionären Sicherheitsminister Luo »völlig niederzuwerfen, ihn zu Boden zu schlagen und auf ihm mit den Füßen herumzutrampeln, daß er sich nie wieder erheben kann!«.

Die Welle des Fanatismus und der Gewalt schäumt auch über den Kreis Dongyang hinweg. Die Chronik Dongyangs vermerkt für das Jahr 1966, daß Studenten nach Dongyang gekommen sind und ab Juli begonnen haben, Rote Garden zu bilden. Die Chronik vermerkt auch das unmittelbare Resultat davon. Im August zerstören die Roten Garden alte Architektur, Kunstschätze und rauben aus privaten Sammlungen Bücher und Bilder. Im Oktober werden vierhundert der Roten Garden ausgewählt, um sich nach Peking zu begeben und an der großen Parade am Platz des Himmlischen Friedens mitzuwirken, die von Mao persönlich mit der roten Armschleife der Roten Garden am Rockärmel abgenommen wird. Beglückt vom Anblick des großen Vorsitzenden und Steuermannes und mitgerissen vom hysterischen Geschrei von Millionen, welche für Mao »Zehntausend Jahre!« rufen, kommen sie nach Dongyang zurück. Der weitere Verlauf der »heißen« Phase der Kulturrevolution, die 1969 am 9. Parteitag offiziell für beendet erklärt wird, in Wahrheit aber bis zum Sturz der »Viererbande« nach Maos Tod im Herbst 1976 weiterläuft, ist der heute offiziell von Dongyang herausgegebenen Chronik zu entnehmen:

»*Januar 1967*: zwei große Organisationen von Roten Garden formieren sich – die Funktionäre werden kritisiert – alle Organisationen und auch die Schulen stellen ihren Betrieb ein
März 1967: die Armee kommt in die Stadt
August 1967: eine konkurrierende kulturrevolutionäre Organisation besetzt das Kreiskomitee
September 1967: zwei Volksarmeegruppen werden gegründet – sie tragen keine Uniformen aber Waffen
Dezember 1967: Ausrufung des Kreisrevolutionskomitees
April 1968: die beiden Gruppen der Roten Garden liefern sich Straßenkämpfe
August 1968: die Arbeiter-Mao-Gedanken-Propagandatrupps gehen in die Schulen, wo die armen Bauern die Verwaltung übernehmen«

Wie anderswo auch gehen die Roten Garden in die Dörfer, und es bilden sich auch in den kleinen Dörfern Kulturrevolutionsgruppen, oft der typische übelriechende Schnittlauch, der in China und anderswo in solchen Fällen in der politischen Suppe oben schwimmt. Auch Gertrude bekommt von den Fanatikern Besuch. Sie beschlagnahmen alle ihr lieb gewordenen Familienphotos und Dokumente und außerdem ihre kleine kostbare Bibliothek an deutschsprachigen Büchern. Was heißt hier überhaupt Deutsch? In der Landessprache hat Gertrude mit ihrem Mann zu reden! Die Unterhaltung in Deutsch mit Mann und Kindern wird ihr streng untersagt. Und die Eiferer wissen, wie sie die Einhaltung überprüfen können, denn sie haben sogar im Gehöft der Dus ihre Vertrauensleute, und die alten Holzwände sind dünn. Apropos Holzwände: den nach früherer willkürlicher Klassifizierung als arme oder untere Mittelbauern hervorgegangenen Mitbewohnern des Hauses werden die Schnitzereien an ihren Tür- und Fensterfüllungen nicht zerstört. Bei den Dus werden die Köpfe der Glücksgötter abgehackt.

Wozu braucht ein Konterrevolutionär Glück? Soll er froh sein, daß er mit dem Leben davonkommt und selbst das hätte Chengrong fast nicht geschafft. Die meisten der zahllosen Opfer der Kulturrevolution starben nicht durch die Hand der Roten Garden sondern durch Selbstmord, wie etwa der Schöpfer des »Rikschakuli« und des »Teehauses« Lao She, der sich in Peking ertränkte. Er hielt wie so viele andere dem psychischen Druck der konstanten Schmähungen und Mißhandlungen nicht Stand.

Auch Chengrong wird öffentlich angeklagt, mit einem Schandhut durch die Straßen des Dorfes geführt. Wenn man jemand als Objekt für die rituelle Kritik bei Massenversammlungen braucht, so holt man einfach Chengrong aus dem Haus. Chengrong fühlt sich ungerecht behandelt und leidet, doch gegenüber seiner Frau will er sich nichts anmerken lassen. Jedes Mal, wenn er zurückkommmt, tröstet er sie und sagt: »Man hat mich verhältnismäßig gut behandelt, beruhige dich nur.« Manchmal wird er auch wie ein Requisit für die Versammlungen in anderen Dörfern verborgt. Einmal bringt man ihn in das Dorf Shanlu. Man schlägt ihn, um von ihm die Geständnisse seiner konterrevolutionären Verbrechen zu hören. Die Leute sind unbarmherziger als im eigenen Dorf, wo man ihn und seine Familie kennt. »Wenn man jemand dreimal schlägt und nicht einmal ein Furz herauskommt, dann hat er keinen Charakter«, sagt eine der rauhen Redensarten von Dongyang. Doch Chengrong läßt sich zu keinen Geständnissen von Taten zwingen, die er nie begangen hat. Als er diesmal nach Hause kommt, trägt er nicht nur die Spuren der Schläge an Gesicht und Körper, sondern um den Hals sieht Gertrude blutige Striemen vom Seil, an dem man ihn herumgeführt hat. »Was ist passiert?« fragt sie unter Tränen. »Nichts ist passiert«, antwortet er. Doch

Gertrude fragt ihn wieder und immer wieder, bis er schließlich seufzend sagt: »Diesmal wollte ich eigentlich wirklich nicht mehr leben. Ich habe an den Tod gedacht. Aber als ich im Geiste dein Gesicht vor mir sah, habe ich den Gedanken gleich wieder aufgegeben. Deshalb bin ich zurückgekommen. Ich kann den Gedanken nicht ertragen, dich alleine zu lassen. Du kannst ruhig sein. Wie immer ich in Zukunft behandelt werde, ich verspreche dir nichts Törichtes zu tun.« Und tatsächlich kommt Chengrong von seinen vielen Demütigungen und Zwangsarbeitseinsätzen immer wieder zurück. Wenn er Gertrude sieht, so bemüht er sich zu einem Lächeln und sie dadurch abzulenken, indem er ihr einige Neuigkeiten erzählt, die er »draußen« gehört hat. Manchmal erzählt er ihr auch Witze. Einer handelt von einem Mann, der mit viel Mühe und unter Ausnützung von Verbindungen in Hangzhou einen Karpfen für den Mittagstisch erstanden hat. Er bringt ihn nach Hause und sagt seiner Frau, er hätte ihn am liebsten mit etwas Ingwer in Sojasauce gedämpft. »Wir haben keine Sojasauce«, ist die Antwort seiner Frau. »Na, dann braten wir ihn am besten in Öl«, meint der Mann. »Wir haben kein Öl.« »Gut, dann garen wir ihn einfach auf dem Rost über dem Herd!« scheint der Mann einen Ausweg zu wissen. »Aber wir haben kein Heizmaterial«, entgegnet die Frau. Da nimmt der Mann wutentbrannt den Fisch, geht zum Westsee und schleudert ihn ins Wasser. Der Fisch steckt beim Davonschwimmen den Kopf heraus und schreit: »Hoch lebe die Große Proletarische Kulturrevolution!«

Du Chengrong beweist Humor in einer Zeit, in der es ihm genauso geht, wie dem Mann in dem Witz, nur mit dem Unterschied, daß er keinen Fisch hat. Jetzt darf er sich auch durch seine Kenntnisse in traditioneller chinesischer Medizin nichts mehr dazuverdienen. Die Leute, die sein Haus geplündert hatten, brachten ihre Beute an Büchern in das Altpapierdepot des Dorfes, und Chengrong kann heimlich einige der wichtigsten medizinischen Werke zurückkaufen. Doch er kann seine Kenntnisse nur mehr für die eigenen Familienmitglieder verwenden. Die Behandlung von Kranken, die bei ihm Hilfe suchen, haben die, welche im Dorf politisch das Sagen haben, Chengrong verboten. Viele kommen noch von anderen Dörfern, werden mit den hochrädrigen chinesischen Schubkarren hergekarrt und fluchen, wenn ihnen Chengrong dann die Hilfe verweigern muß.

Was den zwangsweise Zurückgewiesenen bleibt, ist dann oft nur mehr der Weg zur Magie, welche in vielen Dörfern in China auch heute noch ihren festen Platz hat. Haben sich zum Beispiel Kinder erschreckt, so meint man, daß sie dabei einige ihrer drei Haupt- und sechs Nebenseelen verloren hätten. Das Kind ist daher an den Ort des Geschehens zu führen und dort an seinen Ohren und Haaren zu ziehen, damit die Seelen wieder zurückkommen und der Schreck statt in das Kind in einen Hund fährt. Beim »Sung Ye Ku Lan« wird das ständige Weinen von Kindern in der Nacht dadurch kuriert, daß an Kreuzwegen, Bäumen und Tempeln magische Sprüche angebracht werden:

»Tian cang cang
Di huang huang
Wo jia you
Yi ge ye ku lang
Guo lu junzi
Du yibian
Yi qiao shui
Dao da tian guang

Groß ist der Himmel
Und groß die Erde.
In meinem Heim ist
Ein nächtlich weinendes Kind.

Es mögen dies lesen
Die ehrenwerten Vorübergehenden
Und das Kind bis zur Morgendämmerung schlafen.«

Du Chengrongs wissenschaftlich erprobte Arzneien hätten da vielleicht mehr helfen können.

Allmählich ebben die hochgehenden Wogen der Kulturrevolution ab. Die »heiße« Phase geht zu Ende. Sogar jener, welcher die Kulturrevolution ins Leben gerufen hat, der große Führer und Steuermann Mao Zedong, bekennt sich zwar nach wie vor zur Parade mit dem Schandhut, verurteilt aber die Mißhandlungen und Folterungen, welche Rote Garden an ihren Opfern begangen haben. Er stellt auch klar, daß das Recht nicht insgesamt verneint werden darf. Am 28. Juli 1968 sagt er zu einer Abordnung führender Rotgardisten in Peking: »Das Recht soll man nicht unbedingt verneinen. Wenn in der Hochschule für Politik und Recht die ›Kommune Politik und Recht‹ und das ›Korps Politik und Recht‹ das hören, dürften sie wohl nicht erfreut sein... In den Schulen aber fängt man heute die Leute ein und behandelt sie wie Kriegsgefangene, man setzt sie unter Druck, erpreßt Geständnisse und zwingt sie etwas zu glauben. Wer nicht gesteht, wird geprügelt, ja totgeschlagen oder verletzt... Jetzt hat man die Strafe des Düsenstils erfunden (die Gefolterten wurden gezwungen, etwa in der Haltung eines Schifahrers stundenlang zu verharren) ... Ich habe in dem Untersuchungsbericht über die Bauernbewegung in Hunan ›von einem hohen Papierhut aufsetzen und durchs Dorf führen‹ gesprochen, doch von irgendeinem Flugzeugsitz war nicht die Rede.«

Kann Chengrong hoffen, daß ihm nach Abklingen der Bewegung der Roten Garden und nach offizieller Beendigung der Kulturrevolution am neunten Parteitag 1969 endlich Recht zuteil werden wird? Noch hofft er vergeblich. In der »kalten« Phase der Kulturrevolution wirkt die inhumane, den Klassenkampf schürende Politik der kulturrevolutionären Gruppe weiter. Versöhnung mit jenen, die man ungerechtfertigter Weise beschuldigt hat, und Humanismus stehen nicht am Programm der Kulturrevolutionäre. Noch am 19. Juni 1976, kurz vor dem Tode Mao Zedongs, wird die Pekinger Volkszeitung schreiben: »Der Humanismus diente der Bourgeoisie immer als Maske, um ihren Klassencharakter und ihre grausame Klassenausbeutung zu verdecken. Revisionisten der alten und der neuen Linie haben immer den bourgeoisen Humanismus benützt, um gegen die proletarische Revolution zu opponieren sowie gegen die Diktatur des Proletariates, des Sozialismus und Kommunismus.«

Ganz gleich, wo sie sich befinden, in der Stadt oder auf dem Land – die Kulturrevolutionäre können ihren Opfern nicht vergeben und machen sie weiter zu politisch Aussätzigen. Chengrong wartet vergeblich auf Rehabilitierung. Die Fanatiker haben ihr Werk noch nicht beendet, die Flinte noch nicht ins Korn geworfen, ja sie benützen sie sogar offen auf der Straße. In Dongyang liefern sich am achten Februar 1969 zwei konkurrierende Gruppen Roter Garden erbitterte Straßenkämpfe, die drei Tote und drei Verletzte fordern. Im Mai darauf werden die ersten neunzig Studenten in die Innere Mongolei verschickt. Die Kulturrevolution frißt ihre eigenen Kinder!

Nebst der unzerstörbaren Zuneigung seiner Frau bieten die Kinder Chengrong während der Zeit seiner fortdauernden Diskriminierung den Trost, den er braucht um durchzuhalten. Die Kinder hat er immer gelehrt: »Im Leben soll man sich nicht mit jenen vergleichen, die gut leben. Sonst wird man nie zufrieden sein. Zhizu Changle! Wenn du zufrieden bist, bist du glücklich!«

Chengrong versucht nach Kräften dazu beizutragen, daß Frau und Kinder trotz der auf der Familie lastenden Diskriminierung glücklich sind. Trudi ist mittlerweile ins heiratsfähige Alter gekommen, und Chengrong sucht für sie einen netten und tüchtigen Ehegatten. Er kann gar nicht fassen, wie rasch die Zeit vergeht. Es scheint erst gestern gewesen zu sein, als seine beiden jüngsten Töchter sich von ihm zusätzliche Vornamen wünschten. Chengrong, der Kinderwünsche immer sehr erst nahm, sagte damals seinen Töchtern, sie mögen ihm drei Tage Zeit geben. Nach drei Tagen ruft er Trudi und Edith und gibt ihnen zwei Blatt rotes Papier, auf die er die neuen Vornamen gepinselt hat. Trudi bekommt den Namen Meijun. Vater erklärt ihr die Zeichen, aus denen er sich zusammensetzt. Mei kommt von Meihua, der Winterkirsche, welche der Vater besonders liebt. »Sie fürchtet sich nicht vor der Kälte und ist so weiß und rein wie Schnee«, erklärt er. »Solche Blüten konkurrieren nicht mit anderen und verlangen nicht nach grünen Blättern, um ihre Schönheit zu begleiten.« »Und das Jun?« fragt Trudi. »Jun«, erwidert der Vater, »kommt von Junzi, einer Person mit aufrechtem Charakter. Ich möchte, daß aus dir eine Person mit aufrechtem Charakter nach Art der Winterkirsche wird.« Der zappelnden Edith, die es eilig hat, ihren Namen zu erfahren, sagt Chengrong, daß er auf das rote Papier die Zeichen Shi Zhen geschieben hat. Auch diese Zusammensetzung muß er erklären. »Shi ist das Zeichen für Zeit, und Zeit ist das Wichtigste im Leben. Wenn du damit gut umgehst, hast du den größten Schatz. Du sollst daher von der Zeit den besten Gebrauch machen.«

Inzwischen ist viel Zeit vergangen. Doch noch mehr Zeit wird Trudi mit ihrem neuen Ehemann verbringen, und Chengrong möchte seinen Beitrag dazu leisten, daß die Ehe glücklich wird. Er geht selbst ins Nachbardorf, um die Familie von Trudis Bräutigam und auch Xiaomin, mit dem sie verheiratet werden soll, zu besuchen. Xiaomin ist Tischler, und Chengrong sieht sich sein Werkzeug an. Es ist sauber und glänzt, und der junge Mann steigt in der Achtung des künftigen Schwiegervaters. Auch Xiaomins Eltern machen auf Chengrong einen guten Eindruck.

»Vernünftige, warmherzige und ehrliche Leute,« denkt er. Doch das teilt Chengrong keineswegs seiner Tochter Trudi mit. Vielmehr sagt er, nachdem er aus Xiaomins Dorf heimgekommen ist, immer wieder vor sich hin: »Es ist schade! Es ist schade!« Schließlich fragt die Mutter: »Was ist denn schade?« »Ach«, erwidert Chengrong, »im Vergleich zu unserem Haus ist Xiaomins Haus wirklich ärmlich und schäbig.« Dann wendet er sich Trudi zu und sagt: »Du kannst in unserem Dorf nach dem elendsten Haus suchen. So ungefähr sieht das Haus deines Bräutigams aus.« Erst später hat Trudi die gute Absicht ihres Vaters verstanden. Er wollte, daß sie nicht mit zu hohen Erwartungen ins Haus des Bräutigams käme. Am 14. November 1970 wird in die Dörfer rundum Dongyang zum ersten Mal elektrisches Licht eingeleitet. Ein gutes Omen für Trudi, die einen Tag später heiratet, sagen die Leute. Eine strahlende Zukunft. Zwei Tage vor der Hochzeit verabschiedet sich Trudi von den Eltern, und zu ihrer Verwunderung steht der Vater, den sie nie weinen gesehen hat, vor dem einzigen Kasten ihrer Wohnung und kann das Schluchzen nicht unterdrücken.

Trudi hat ihren Bräutigam erst einmal gesehen, als er ihrer Familie in Hucang einen Besuch abstattet. Sie hat für ihn Polsterbezüge bestickt und ein paar Schuhe angefertigt. Da die Kulturrevolution zu dieser Zeit noch fortdauert, wird die Ausstattung nicht auf Sänften zur Schau getragen, sondern Trudi schiebt mit einem Handwagen die bescheidenen Gegenstände, die sie in die Ehe mitbringt. Ihr Bruder Peter trägt eine rote Tasche mit Mais und Erdnüssen. Erdnüsse (huasheng) und Mais (yumi) sollen zu shengyu, einem frühen Kindersegen, verhelfen. Einen Kilometer vor dem Dorf des Bräutigams warten seine Abgesandten auf sie und außerdem noch viele Kinder und Dörfler, die gehört haben, daß die Braut eine ausländische Mutter hat und darauf gespannt sind, wie sie wohl aussieht. Wegen der revolutionären Zeiten trägt Trudi kein traditionelles rotes Hochzeitskleid sondern ein dunkelgrünes Kostüm, das ihre Mutter aus deren eigenem Lieblingskleid genäht hat. Im Haus des Bräutigams erhält sie Tee und Naschereien sowie Geldgeschenke in roten Kuverts. Der Ärmlichkeit der Zeit entsprechend sind es oft bloß zwei yuan. Bis zwei Uhr früh treibt die Dorfjugend mit den Brautleuten noch Schabernak. Dann kommt eine ältere Frau, deren Mann und Sohn leben und gesund sind, bereitet ihnen das Bett und serviert süßes Wasser und Eier. Am nächsten Tag geht die Schwiegermutter mit Trudi zu allen Familien des Dorfes, um ihnen Bohnen und Erdnüsse zu bringen.

Im darauffolgenden Jahr kommt Trudis erste Tochter zur Welt, und es wird eine schwere Geburt. Trudi bekommt hohes Fieber. Ihre Schwiegermutter ängstigt sich und bittet jemanden aus der Verwandtschaft, der in der Nacht seinen Weg zum Markt antritt, im Hause Du vorbeizuschauen und den Brief mit der Nachricht von Trudis Zustand dort abzugeben. Als er die Nachricht erhält, springt Chengrong sofort aus dem Bett und eilt ins Dorf seiner Tochter. Schon in der Dämmerung trifft er ein. Er wischt sich nicht einmal den Schweiß von der Stirne, sondern beginnt sofort mit der Pulsdiagnose der traditionellen chinesischen Medizin. Dann atmet er auf und sagt: »Es ist nichts. Du bist nur schwach. Es ist keine Infektion.« Vater verschreibt eine Medizin, und nach der Geburt sind Mutter und Kind wohlauf.

Das zweite Kind wird Trudi, die Alfreds Kinderlosigkeit rührt, ihrem älteren Bruder als Tocher anvertrauen. Das sind chinesische Familienbeziehungen, die bei der Verwandtschaft in Wien auf Unverständnis stoßen. Am 23. 10. 1973 schreibt Gertrude nach Wien:

»Vor sechs Jahren ist Alfred mit Yu Lan, seiner Frau, nach Hause gekommen. Trudi hat die beiden nach Hangchow begleitet. Yu Lan hat eine tüchtige Frauenärztin besucht. Die große Sehnsucht der beiden ist ein Kind. Der

Besuch war ohne große Hoffnung, so daß die beiden noch trauriger waren, da hat Trudi im Unverstand ihrer Jugend und großem Mitleid mit den beiden ihnen das Versprechen gegeben, das erste Kind ihrer Ehe Alfred zu geben. Vor ihrer Ehe war sie sehr traurig, da sie nicht davon zu ihrem Verlobten sprechen konnte. Sie hat mir davon erzählt, ich bin erschrocken und sag: kommt Zeit, kommt Rat. Nach der Ehe hat Trudi mit ihrem Mann und der Schwiegermutter darüber gesprochen und beide haben großes Mitleid mit Alfred und seiner Frau. Trudi ist ganz ruhig geworden, sie hat ihr Versprechen gehalten. Jetzt wartet sie auf Antwort von Alfred. Trudi ist ein gutes Menschenkind und durch und durch anständig.«

Über den ersten Besuch nach der Geburt von Trudis zweitem Kind berichtet Gertrude:

»Trudi hat große Freude, daß ich komme und erzählt mir gleich: Mama, diesmal kann ich mein Versprechen halten. Trudi hat ein Lachen im Gesicht und Tränen in den Augen. Diese Kleine bekommt Alfred ... Ich habe ihr Gesicht gestreichelt, ich weiß, welch großes Opfer es ist, doch ihr gegebenes Wort, das hält sie.«

Als ihr Bruder Walter darauf zurückschreibt, daß er so einen Kindertransfer nicht verstehen kann, zeigt es sich, wie sehr Gertrude mittlerweile Teil der chinesischen Gedanken- und Gefühlswelt geworden ist. Damals in den ersten Jahren ihrer Ehe, als der eigene Ehemann den Vorschlag machte, einem kinderlos gebliebenen Bruder später ein Kind zu überlassen, reagiert sie heftig und schlägt das Ansinnen mit dem Satz »Ich bin keine Chinesin!« rundweg ab. Doch seitdem sind Jahrzehnte vergangen, und Gertrude ist mittlerweile in vielem Chinesin geworden. Ihrem Bruder in Wien schreibt sie zurück:

»Ihr kennt China nicht, und Ihr versteht auch nicht, wie sehr Trude ihren Bruder liebt!«

So hält die Familie zusammen und übersteht, was die erste Hälfte der siebziger Jahre an verschiedenen Bewegungen zu bieten hat. 1970 wird wieder einmal eine Bewegung gegen Konterrevolutionäre und Kapitalisten gestartet, dann wird im Frühling 1970 das Steuer kurz einmal herumgerissen und gegen Linksextremisten vorgegangen. Im Oktober 1971 wird der Putschversuch des »engsten Waffengefährten« und per Parteistatut von 1969 zum Nachfolger Mao Zedongs erkorenen Lin Biao bekannt und eine Anti-Lin Biao Kampagne in Gang gesetzt. Im Jahre 1972 besucht auf Vermittlung Kissingers und Zhou Enlais der amerikanische Präsident Nixon China und kommt dabei auch nach Hangzhou. Mao Zedong, nach der Charakterisierung eines amerikanischen Sinologen eine interessante Mischung zwischen Lenin und Garibaldi, setzt seine Landsleute mit seiner Taktik immer wieder in Erstaunen. Noch kurz davor haben chinesische Zeitungen zum Sturz der reaktionären amerikanischen Clique aufgerufen, und 1969 ist in der Gegend von Dongyang die von Mao ausgegebene Parole »Tiefe Tunnels graben und Getreidespeicher anlegen« als Vorbereitung auf einen bald bevorstehenden Weltkrieg in die Tat umgesetzt worden.

Nun zeigt sich der Erzfeind gar in Hangzhou, wo Mao Zedong dem Pekinger Winter ausweicht. In einer weitläufigen Anlage am Westsee, in deren Teichen die Frösche so bedächtig und sonor quaken als wären es chinesische Protokollbeamte. Immerhin vermerkt man in Dongyang mit Stolz, daß das in Hangzhou an Nixon überreichte Ehrengeschenk aus ihrer Kunsthandwerksmanufaktur stammt.

Im selben Jahr stirbt die Mutter in Wien und Getrude weint viel. Das erste Mal hat sie wegen ihrer Mutter bitterlich geweint, als 1964 ein Brief kam, in dem die Mutter schrieb: »Du hast beim Abschied versprochen, daß Du nach fünf Jahren zurück auf Besuch kommen wirst, und nun sind schon dreißig Jahre vergangen.« Auch Gertrudes Kinder und Enkel können die gütige und lustige Großmutter in Wien nicht mehr sehen. Nur mehr ihr großes schwarzgerahmtes Bild, das Gertrude im Wohnzimmer aufhängt.

Was hätte sie denn der Mutter schreiben sollen? Daß selbst Hangzhou, die nächste große Stadt für sie so unerreichbar war wie der Mond? Gertrude hat es vorgezogen, die Mutter im Glauben zu lassen, daß es ihr und ihrer Familie gut geht. Sollte die Mutter doch lieber auf sie böse sein, als sich um sie und die Enkelkinder, deren Photos sie immer noch liebevoll um den Weihnachtsbaum arrangierte, ängstigen! Eine Trennung von der Familie hat Gertrude Wagner stets und konsequent abgelehnt.

Schon in der Zeit der frühen fünfziger Jahre, als die Wagners in Wien über H. J. Hajek, einen österreichischen Architekten, der von Shanghai nach Hongkong übersiedelt ist, Kontakt hatten, wird Gertrude zum ersten Mal ein solches Angebot gemacht, das sie entrüstet zurückweist: Sie selbst und zwei ihrer Kinder könnten mit Hilfe der österreichischen Behörden nach Österreich repatriiert werden. Gertrude läßt Dr. Hajek wissen, daß sie es ablehnt, auch nur einen Gedanken an einen solchen Vorschlag zu verschwenden. Sie bleibe bei ihrem chinesischen Ehemann und ihren Kindern. Ihre Familie sei unteilbar.

In einem Brief an Hajek nach Hongkong vom 4.5.1973 greift Gertrudes Bruder Walter wiederum den Gedanken eines Wiedersehens auf und schreibt, es wäre schön, wenn Gertrude zu Besuch nach Wien kommen könnte. Im darauffolgenden Jahr wendet er sich im März und Juli an den österreichischen Botschafter in Peking, Dr. Leitner. Im ersten Brief schreibt er:

»Sehr geehrter Herr Botschafter Dr. Franz Leitner,

durch das Bundeskanzleramt in Wien habe ich Ihre werte Adresse erfahren und möchte heute mit einer Bitte an Sie herantreten, meiner Schwester
Mrs. Hwa Tse Ping
Wuchan Shanlu Dujan, Chekiang, China

die in China verheiratet ist, zu helfen.

Ende des Jahres 1934 reiste meine Schwester Hwa Tse Ping (geb. Wagner) nach Hangschow und heiratete den in Wien zur Schulung gewesenen Polizeioffizier Du Tzen Jun.

Sie lebt nun 40 Jahre in China, hat 5 Kinder, bereits Enkelkinder. Sie ist 57 Jahre alt ihr Gatte 67. Wir stehen jahrelang in brieflicher Verbindung, doch war es uns noch nie möglich ein Treffen zu arrangieren. Sie lebt in äußerst bescheidenen Verhältnissen und so versuche ich durch kleine Geldsendungen ihr Los zu erleichtern. Meine Bitte an Sie, sehr geehrter Herr Botschafter geht dahin, meiner Schwester die Möglichkeit für eine Besuchsreise nach Österreich zu verschaffen. Mit der Voraussetzung, daß sie wieder nach China zurückreisen kann. Für Ihre Bemühungen im vorhinein zeichne ich mit vorzüglichster Hochachtung...«

Walter Wagners Schreiben erreicht die österreichische Botschaft in Peking während einer hektischen Phase. Die erste österreichische Industrieausstellung in Peking wird eröffnet. Außenminister Dr. Kirchschläger wird in Peking erwartet, auf dessen Initiative hin 1971 diplomatische Beziehungen zur Pekinger Regierung aufgenommen worden sind, und der später stolz erklären wird, er habe sehr bewußt grünes Licht gegeben, als die Ampel bei den Amerikanern noch auf orange stand. Dazu hat sich noch ein weiterer Pionier der österreichisch-chinesischen Beziehungen angesagt. Der Präsident der österreichischen Bundeswirtschaftskammer, Rudolf Sallinger, kommt als Regierungskommissär mit einer Wirtschaftsdelegation. Und schließlich kommt um dieselbe Zeit auch der ehemalige Vizekanzler DDr. Bruno Pittermann an der Spitze einer Delegation der Österreichisch-Chinesischen Gesellschaft, um den stv. Ministerpräsidenten Deng Xiaoping zu treffen, welcher den österreichischen Gästen ungeniert Unterweisung in chinesischer Realpolitik gibt. Er ist trotz der Demütigungen der Kulturrevolution der gleiche geblieben. Da ist viel an den Ballhausplatz zu berichten, doch Walter Wagners Brief bleibt nicht unbeachtet, und am 13. Juli erhält er einen Brief der Botschaft, in dem mitgeteilt wird, man habe bereits bei den chinesischen Behörden für Gertrude interveniert und hinsichtlich der näheren Umstände Gertrudes Informationen erbeten. Am 2. Oktober meldet sich die Botschaft nochmals und schreibt, daß trotz zweimaliger Interventionen leider noch keine Reaktion der chinesischen Behörden vorliegt. Dann scheint ein Schreiben der Botschaft am 6. November 1974 Positiveres zu berichten:

»Sehr geehrter Herr Wagner!

Im Verfolg des Schreibens der Botschaft vom 2. Oktober 1974 freue ich mich, Ihnen bekanntgeben zu können, daß die chinesischen Behörden nunmehr mitgeteilt haben, Ihre Frau Schwester möge bei der für sie zuständigen örtlichen Behörde einen Antrag auf Bewilligung einer Besuchsreise nach Österreich stellen. Ihre Frau Schwester – so wurde zu verstehen gegeben – werde wissen, welche Behörde hiefür zuständig sei. Man ließ durchblicken, daß man den Antrag wohlwollend prüfen werde.

Ich darf Ihnen empfehlen, ihre Frau Schwester in diesem Sinne zu informieren. Sollte nach einer gewissen Zeit keine positive Erledigung Ihres Antrages erfolgen, ist die Botschaft zu einer weiteren Intervention bereit.«

Doch Gertrude ist nicht bereit, ihre Familie in China alleine zu lassen und gibt dies ihrem Bruder in Wien zu verstehen. Sie will auch nicht, daß er für eine Chinareise einen höheren Betrag ausgibt. Außerdem will sie wohl selbst nach dem Tod der Mutter nicht, daß man in Wien exakt über ihre Lebensumstände Bescheid weiß. Auf einen Brief des Bruders, in dem die Frage seines Besuches in China erörtert wird, schreibt sie am 16. April 1973:

»... Du schreibst, daß ein Besuch nach hier so ein enormes Geld kostet, ich glaube, gib den Gedanken auf, Du mußt so sparen. Deine liebe Frau und Sohn müssen sich einschränken, für was? Um einen lebendigen Menschen zu sehen, vielleicht auf 2–3 Tage? Ich werde Dir Bilder von uns schicken bis ich ein bissel Zeit habe und Dir immer von unserem Leben erzählen…«

Es ist ein schlichtes Leben, von dem Getrude in diesem und den folgenden Briefen der siebziger Jahre berichtet. Und es ist ein hartes Leben, bei dem sie versucht, ihrem körperlich geschwächten Mann so viel wie möglich abzunehmen. In dem vorher zitierten Brief entschuldigt sie sich dafür, daß sie erst jetzt schreibt und gibt dann Gründe an, welche gleichzeitig ein Licht auf ihre Lebensumstände werfen:

»Ich war nicht gut beisammen… ich konnte tagelang nichts essen, einfach keinen Hunger, meine Arbeit habe ich gemacht, nur abends bin ich dann einfach fertig, furchtbar müde.

Tzen Yun (Chengrong Amn. d. A.) hat Milchpulver für mich gekauft, die ganze Zeit redet er mir zu, wenn Du nichts essen kannst so trink doch die Milch.

Mit der Kleeernte sind wir fertig, wir haben 800 Kilo Klee zugeteilt bekommen (Schweinefutter) jetzt werden die Kleeäcker für den Reisanbau hergerichtet, am 17ten April werden die Äcker angebaut, besser gesagt, an dem Tage fangen wir mit der Arbeit an, es braucht einige Tage bis die Äcker angebaut sind. Peter, seine Frau und Edith arbeiten jeden Tag in der Brigade.

Wir machen den Haushalt, auf die drei (Enkel-)Kinder müssen wir aufpassen mit ihnen spielen, wenn Tzen Yun arbeitet so betreue ich die Kleinen, arbeite ich so spielt mein Mann mit ihnen, mittags schlafen die drei Kinder, da können wir uns ein wenig ausrasten oder in Ruhe arbeiten, so vergeht ein Tag nach dem anderen. Wenn Post von Dir, Alfred oder Lisel kommt, wenn Trudi mit Mann und Kind kommt das ist immer eine große Freude für uns.

Peter arbeitet abends an seinen Körben bis 10–11 h, die Körbe verkauft er im amtlichen Geschäft da muß er in der früh um 3 h schon weggehen von zu Haus, es sind 14 Kilometer zum Geschäft, um ½ 11 h kommt er wieder retour. Nach dem Mittagessen geht er wieder mit den anderen zur Arbeit. Auch Edith hat keine freie Zeit. Immer hat sie eine Arbeit in der Hand.«

Aus anderen Familien in China, die einen ausländischen Ehepartner aufweisen, stammen nicht selten Kinder, welche unter dem Vorzeichen der politischen Privilegien ihrer Eltern ein Leben führten und führen, das von Anstrengungen wenig geprägt ist und wenn sie Anstrengungen machen, dann in Amerika oder anderswo ohne Absicht in ihr Geburtsland China zurückzukehren. Manche dieser Kinder sind sogar straffällig geworden. Gertrude und ihr Mann sind zwar die längste Zeit politisch diskriminiert, doch kann sich der Einsatz ihrer Kinder für das Land ihrer Geburt sehen lassen. Alfred macht die Vorarbeiten für eine Vielzahl von Wasserkraftwerken in Yunnan und im Laufe seiner Dienstzeit eine Reihe von Vorschlägen, welche von seinen Vorgesetzten angenommen werden und einen wirkungsvollen Beitrag zur Verbesserung der Arbeit beim Kraftwerksbau darstellen. Peter heiratet eine Frau aus einer Bauernfamilie und müht sich mit ihr in der Landwirtschaft ab. Außerdem arbeitet er im Dorf dort mit, wo es darum geht, Brauchtum lebendig zu erhalten. So probt er vor dem Mondneujahr einen ganzen Monat lang mit der Theatergruppe, um dann während der Neujahrszeit drei Tage lang durchzuspielen. Peters älteste Schwester Elisabeth findet nach allen möglichen Gelegenheitsarbeiten in Qinghai eine Stelle an einer Mittelschule als Assistenzlehrerin für Musik und Zeichnen. Mit den Englischkursen, welche vom nahen tibetischen Rundfunk ausgestrahlt werden, bringt sie sich mit eisernem Fleiß so viel bei, daß sie die entsprechende Lehramtsprüfung mit gutem Erfolg ablegen kann. Trudi übernimmt die Leitung des Kindergartens im Dorf ihres Mannes und setzt diese Tätigkeit später in Dongyang fort. Edith heiratet einen

Bauern im Nachbardorf und arbeitet so wie Peter auf dem Feld. Alle Kinder Gertrudes erziehen ihre Kinder zu anständigen Menschen, die sich bemühen, so wie ihre Eltern einen Beitrag zur Allgemeinheit zu leisten. Vielleicht funktioniert das deshalb so gut, weil ihnen nicht von Anfang an alles in den Schoß gefallen ist, sondern sie gemeinsam mit ihren Eltern um die Existenz ringen mußten. Einen Eindruck davon gibt ein Brief Gertrudes vom 21. Februar 1973:

»... Du schreibst über den Zuckerpreis. 100 österreichische Schilling haben hier den Wert von zirka 9 Yuan. 1 Kilo weißen Zuckers kosten hier 1.58 Yuan amtlicher Preis, was kostet bei Euch? Für die Kinder braucht man Zucker, für Geschenke bei Verwandten, wir selber brauchen nicht viel, vorm dick werden haben wir auch keine Angst. Fleißig sind unsere Kinder, auch die Schwiegertochter aber es geht ja gar nicht anders ... Edith arbeitet in der Freizeit an ihrer Ausstattung, holt Gras für ihre Hasen. Heute hat sie sechs kleine Hasen, zwei große (2 Stück 1 1/2 Kilo schwer) verkauft und 7.20 Yuan dafür bekommen. Sie hat sich sehr gefreut.

Vergnügen gibt es nicht. Wenn das Freilichtkino kommt so gehen wir den Film anschauen. Eine Karte kostet 5 Cents. Da nimmt man den Sessel selber mit zum Sitzen oder schaut stehend den Film an. Theater wird in den Dörfern meistens zum Neujahr gespielt, viele Dörfer haben ihre eigene Theatergruppe. In der Stadt gibt es Kino und Theater. Bälle, Skilaufen, Eislaufen, von dem haben wir hier keine Ahnung. Wenn man keine Ahnung hat, so hat man auch kein Verlangen. Gabi und Wolfi (Walters Sohn und Frau) gehören zu den Ausnahmen – ich glaube wohl.

Du schreibst, daß Du mir wieder Geld geschickt hast, es wird nun gleich ankommen, ich danke Dir recht herzlich und bitte Dich das übrige Geld für mich aufzuheben, zu Weihnachten gib mir wieder ein wenig. Ich habe für mich mit dem Geld Wolle für einen Pullover gekauft, warme Wäsche und einen Blusenstoff. Trudi habe ich auch einen Stoff gekauft. Edith hab ich Geld gegeben. Sie will einen Spiegel kaufen für ihre Ausstattung. Meinen Mann habe ich von Kopf bis Fuß neu eingekleidet. Für die Kinder warme Wäsche.

Peter hat sich einen Koffer selber gemacht. Ich hab ihm das Schloß dafür gekauft. Hier werden diese Koffer aus Holz gemacht. Schaut schön aus. Auch die Möbel hier werden alle in dieser Farbe lackiert. So viel haben wir noch Mutti zu danken und Euch.«

Ein krasser Gegensatz zur Wohlstandsgesellschaft Europas, in welche Gertrude Aufnahme gefunden hätte, hätte sie sich entschlossen, alleine zu kommen. Ein weiteres Schlaglicht auf diese Situation werfen einige Sätze, welche in ihrem Brief vom 18. August 1973 enthalten sind.

»Du schreibst von der Automarke, davon haben wir hier keine Ahnung. Hier kennen wir nur einen Typ 2, und das sind unsere Beine, mit denen kommt man überall hin. Bedenke, wir leben in einem kleinen chinesischen Dorf.«

Gertrude tauscht Wohlleben für Dorfleben mit allen seinen Fährnissen ein. Am Dammbau, der den Dongyangfluß zähmen soll, hat sie selbst mitgeschuftet und mit dem Schulterjoch Körbe getragen. Doch nicht immer sind die Flußdrachen Hucang gnädig. Schwere Regenfälle bringen sie und die ihren in Gefahr. Am 23. Juni 1973 berichtet sie nach Wien:

»... Am 16. ganz in der Früh ruft man im Sender: Aufstehen! Alle Arbeitskräfte zum Damm! Der neue Damm ist vom Wasser zerstört und die neuangelegten Äcker sind unter Wasser. Den ganzen Vormittag wird mit Einsetzen der ganzen Kraft gearbeitet, das Wasser steigt. Viele Menschen flüchten in höher gelegene Dörfer, auch die Schweine nehmen sie mit ... Nach dem Mittagessen haben wir alle Sachen in den 1. Stock getragen, für das Vieh haben wir auch einen Platz gemacht. Vom Südfenster sieht man den Fluß, er ist zum Strom geworden, der alles mitreißt ... Glück haben wir gehabt: in der Nacht hat es aufgehört zu regnen.«

Das kostbare Vieh hat Gertrude in die Zimmer im ersten Stock mitgenommen. Ihre Werte sind andere als in der westlichen Neonwelt, anders auch als in Peking oder Shanghai. Das bekräftigt ihr Brief vom 18. August 1973.

»... Ich füttere nun drei Schweine, für ein Schwein bekomme ich im Monat 10 Tschin (5 Kilo), wenn das Schwein 1 Kilo zunimmt, bekomme ich 3 Tschin Eßsachen dafür. Bei der ersten Ernte bekommen wir Gerste für das Schwein, bei der zweiten Ernte Reiskorn, bei der dritten Mais.

2. Beispiel: Tzen – Yun hat diesmal drei kleine Ferkeln gekauft, drei Stück Tschin schwer. Nach zwei Wochen bei der Abrechnung wurden die Schweine gewogen, meine drei haben 44 Tschin zugenommen, so bekomme ich 66 Tschin und pro Monat 30 Tschin, so bekomme ich im ganzen von der Brigade 126 Tschin Reiskorn für die Schweine, dafür brauchen wir kein Geld zu bezahlen. Den Dünger im Stall bekommt die Brigade. Meine 15 Hühner, die hab ich einen Monat lang in meinem Zimmer aufgehoben gehabt, so hab ich ihr Leben gerettet, in unserm Dorf war die Hühnerpest.«

Im darauffolgenden Jahr schreibt sie im 8. Juni 1974 an ihren Bruder in Wien im Bewußtsein der Verschiedenheit der beiden Welten und bittet ihn über ihre Sorgen, die Sorgen einer Bäuerin, nicht zu lachen:

»... Am 6. April hat die Klee-Ernte angefangen, am 12. damit fertig, die weißen Bohnen, das Zuckerrohr wird angebaut, die Gerstenernte, mit der fertig, werden die Reisfelder angebaut, dann die Weizenernte. Der Himmel hat es diesmal gut mit uns gemeint, wenn wir Ernte haben, so lacht die Sonne, wenn wir die Reisfelder anbauen, so regnet es. Ende Mai sind wir mit Ernte und Anbau fertig. Mit der heurigen Ernte sind wir zufrieden. Die Reisfelder geben große Hoffnung. Ich schreib Dir das und halt fest den Daumen, Du wirst lachen... In der Früh um 5 Uhr fängt die Arbeit an, knappe Mittags- und Jausenpause, so wird gearbeitet bis 7 Uhr abends, bei der Gerstenernte noch später, bei der Weizenernte arbeiten sie bis Mitternacht, dann wird noch das Stroh geteilt, der Weizen geteilt. In unserer Brigade sind wenig Arbeitskräfte (alte Menschen und Kinder sehr viel) und so müssen sie mehr und länger arbeiten.«

Im selben Jahr wird die gegen Lin Biao im Jahre 1971 gestartete Kampagne in eine »Kritisiert Lin Biao und Konfuzius Bewegung« umgerüstet. Dahinter stecken Jiang Qing, die Frau Mao Zedongs und die anderen Mitglieder der sogenannten »Viererbande«. Sie versuchen die Kritik an Lin Biao in einer Art von Schattenschießen auf Zhou Enlai abzulenken. Die alten gesellschaftlichen Werte Chinas kommen wieder einmal in das Kreuzfeuer der Kritik. An den Hauswänden finden sich alle möglichen Wandzeitungen, welche zur erbarmungslosen Unterdrückung der Klassenfeinde und reaktionären Elemente aufrufen. Ein beliebtes Plakat ist das, welches die Geschichte vom konfuzianischen Gelehrten, dem Wolf und den Jägern erzählt. Die Bilder zeigen, wie der Gelehrte in falsch verstandenem Humanismus den Wolf rettet, indem er ihn in einem Sack versteckt und dann fast von ihm gefressen wird. Die vom »gesunden Volksempfinden« geleiteten Jäger kommen zurück, töten den Wolf und belehren den Konfuzianer, daß der Wolf, der Klassenfeind, erbarmungslos zu unterdrücken ist. Auf dem Volkskongress des Jahres 1975 legt Zhou Enlai sein politisches Vermächtnis der vier Modernisierungen Chinas vor. Die »Viererbande« läßt die von ihr geprägte linksextreme neue Verfassung beschließen. Einer der »Vier«, Zhang Chunqiao, berichtet über einen Text, in dem fast alle Grundrechte der Verfassung aus 1954 zugunsten des Klassenkampfes gestrichen worden sind. Für Chengrong beginnt eine Zeit, in der er zittern muß, einmal mehr bei Bedarf zum politischen Sündenbock gemacht zu werden. Doch glücklicherweise ist die Zeit nicht lang.

Zu Beginn des Jahres 1976 stirbt Zhou Enlai. Seine Asche wird auf seinen Wunsch über den Bergen und Flüssen Chinas verstreut. Als Qingming, das Totenfest im April 1976 begangen wird, strömen viele Bewunderer Zhou Enlais und Opponenten der Viererbande auf dem Platz des Himmlischen Friedens in Peking zusammen um in Ermangelung eines Grabes Kränze beim Denkmal der Märtyrer der Revolution niederzulegen. Auch Gedichte werden angeklebt. »Wir wollen keine Zixi« ist unter anderem zu lesen. Gemeint ist die Frau Maos, die mit der machtgierigen Kaiserinwitwe verglichen wird. Mit der Entkleidung Deng Xiaopings von allen Parteiämtern – allerdings unter Belassung seiner Parteimitgliedschaft – gelingt der »Viererbande« nur ein vorübergehender Erfolg. Mit dem Tod Mao Zedongs geht ihre Herrschaft zu Ende und damit auch die Herrschaft der meisten Machthaber in ganz China, welche sich ihre linksextreme Politik zur Richtschnur genommen haben.

FANLESHAN: NACH DREISSIG JAHREN MIT ERHOBENEM HAUPT

Ein Blick auf die Chronik Dongyangs deutet diese neue Entwicklung an. Für das Jahr 1977 wird vermerkt, daß man eifrig nach Leuten gesucht hat, welche mit der »Viererbande« in Verbindung standen. Ob man die auch so prompt gefunden hat, wie früher Chengrong, als es um die Zuordnung öffentlicher Kritik ging?

Im Jahre 1978, vermeldet man mit Stolz, ist Dongyang für die ins Mao-Mausoleum gelieferten qualitätsvollen Feuerlöscher mit einem Extralob des Zentralkomitees bedacht worden.

Das Jahr 1979 steht dann bereits im Zeichen der Öffnung und Reform. Ein Symbol dafür ist, daß Dongyang Standort einer Fernsehuniversität wird.

Nachdem man Chengrong vorher in so vielen Kampagnen leicht gefunden hat, ist es auch diesmal leicht, an ihm ein Exempel zu statuieren, doch diesmal im positiven Sinn. Gertrude schreibt darüber in einem Brief nach Wien:

»... Dank der Zentralregierung und unserm neuen Führer, dem Vorsitzenden Hua, Tzen-Yun ist wieder ein freier Mensch, schade, er ist schon 72 Jahre alt und hat nicht mehr viel Kraft, sonst könnten wir uns selbst erhalten.«

Später erinnert sich die Tochter Trudi an diese Zeit:

»Vater konnte fanleshan – wiederum erhobenen Hauptes gehen. Seine politischen Leiden sind vorbei. Für die Eltern war es so, als ob ihre Jugendzeit wiedergekommen wäre. Sie lebten wie in einer Welt für zwei. Jeden Morgen gingen sie zum Dongyang Fluß Seite an Seite. Jeden Nachmittag schaute Vater im Büro der Dorfvorstehung die neuesten Zeitungen an, um dann Mutter zu berichten, was es in China und der Welt Neues gab.«

Im Jahre 1980 wird Alfred für seine Arbeit nicht nur mit einem Preis ausgezeichnet, sondern auch zum Diplomingenieur befördert. Alfred kann sich und seiner Mutter einen lang gehegten Wunsch erfüllen und sie zu sich nach Kunming zu Besuch einladen.

So rüsten Gertrude und Chengrong für die lange Zugfahrt von 2 Tagen und 3 Nächten, die ihnen bevorsteht. Mantou, das Dämpfgebäck, welches in China die Semmeln vertritt, werden eingepackt, salzige Eier, eingelegtes Gemüse, Teeblätter – das heiße Wasser kann man im Zug kaufen – und vieles andere mehr wird sorgsam verstaut. Statt der früheren martialischen Musik, welche während der Kulturrevolution über den Lautsprecher in die Abteile gekommen ist, werden die Reisenden mit chinesischer Volksmusik, chinesischer Oper und sogar westlicher Musik unterhalten. Während der Zugsfahrt wird Gertrude nicht müde, aus dem Fenster zu schauen. In Yunnan windet sich der Zug fast wie der Lichterdrache daheim, und manchmal glaubt man, daß die Passagiere des letzten jenen des ersten Waggons die Hand reichen können.

Nach der Ankunft in Kunming werden Gertrude und Chengrong von Alfred und seiner Familie nach allen Regeln chinesischer Gastfreundschaft verwöhnt. Nach so vielen Jahren sind Gertrude und Chengrong in einer Großstadt, deren Aussehen und Ausstattung ihnen ermöglicht, sich an frühere Zeiten zu erinnern. Kunming verfügt über 20 Kinos und so können sie so wie früher in Wien oder Hangzhou ihrer Filmleidenschaft fröhnen, sich selbst aussuchen, was sie anschauen und sind nicht wie im Dorf an ein vorbestimmtes Programm gebunden. Die Restaurants, die sie sehen, sind Lokale mit dem Flair, das sie jahrzehntelang nicht gespürt haben. Gertrude merkt, daß im größten Kanton-Restaurant, wohin sie von Alfred eingeladen wird, sogar Vorlegebestecke zu Verfügung stehen. Die Zeit, in der Gäste in den Restaurants mit Trillerpfeife zur tischgebetartigen Maoverehrung und dann zum Essenfassen aufgefordert wurden, ist vorbei. Kunming verfügt über ein Eiscafé, Bäckereien mit frischem europäischen Brot, und ein Peking-Café, welches Kaffee und Kuchen anbietet, für Gertrude lang entbehrte Köstlichkeiten. Vollends fühlt sie sich nach Wien versetzt, als es Alfred gelingt, für sie Kinokarten für einen Film über die Wiener Eisrevue zu ergattern. Aber ihr für jegliche Schönheit offener Blick kann sich auch an den traditionellen Sehenswürdigkeiten Kunmings begeistern. In Briefen nach Wien beschreibt sie den in der Ming-Dynastie erbauten Goldenen Tempel, der ganz aus vergoldeter Bronze gefertigt ist – eine Attraktion, die sonst nur der Sommerpalast in Peking zu bieten hat. Etwas später während der Mandschu-Dynastie ist der große Daguanyuan-Park angelegt worden. Seine vielen Brücken, Pavillons, Steingärten und farbenfrohen Blumen wetteifern mit dem Westsee in Hangzhou. Doch Gertrude kann diesen schönen Blick unbeschwerter genießen als daheim in Zhejiang. Kunming wird mit seinen 2000 Metern über dem Meeresspiegel nicht zufällig die »Stadt des ewigen Frühlings« genannt. »Kunming hat durch seine Höhenlage ein sehr angenehmes Klima«, schreibt Gertrude an Walter in Wien, »17–25 Grad, seit ich in China bin, war dieser Sommer am angenehmsten«.

In der Nähe des Daguanyuan Parks warten Sanis, welche ihre Dienste als Bootsleute anbieten. Die Sanis erinnern Gertrude an die Minoritäten, die sie mit Chengrong in Sichuan und Guizhou gesehen hat, als sie vor den Japanern auf der Flucht waren. Doch die kunstvoll gestickten Mützen der Frauen mit der langen herabhängenden roten Quaste sind fast noch malerischer als die Kopfbedeckungen der Miao. Alfred erzählt von den sommerlichen Fackeltänzen der Sani im Steinwald in der Nähe Kunmings, wo auch die Felsen »Mutter und Sohn wandern zusammen« zu finden sind. Alfred nimmt mit Gertrude den Bus zum großen Dian-See und steigt mit ihr auf dem schmalen Felssteig bis zum Drachentor, von wo sie eine überwältigende Aussicht auf den 340 km2 großen See haben. Beim Aufstieg verharrt Chengrong bei der durch viele Räucherstäbchen geschwärzten Grotte, in welcher der Gott der Literatur verehrt wird, welcher Beamten beim Bestehen der Staatsprüfungen geholfen hat. Er erinnert sich an die Prüfung in Hangzhou, die ihn nach Wien gebracht und ihn und Gertrude zusammengeführt hat. Wenn Alfred keine Zeit hat, um lange Ausflüge zu machen, gehen Chengrong und Gertrude allein durch die Altstadt und sehen sich in der Weiyuanjie oder anderen Straßen das geschäftige Markttreiben an. Auch hier sieht man wieder Sanis mit ihren schönen gestickten Umhängetaschen, Jinuofrauen mit ihren Kapuzen und perlenbestickten Brustlätzchen, Achangs, von deren hohen Mützen lange Quasten baumeln, und viele andere Minoritäten. Alfred weiß zu berichten, daß es einige Dörfer gibt, wo noch das Matriarchat herrscht und die Männer als »Onkel« eine untergeordnete Rolle spielen, und er erzählt von Stämmen, die noch in der »Steinzeit« leben, wo es nach 1949 schwierig war, das Privateigentum aufzuheben, denn sie hatten keines.

Das Privateigentum zu bekämpfen ist im übrigen in den achtziger Jahren unter der Führung Deng Xiaopings kein vorrangiges Thema mehr. Er initiiert eine Art Bauernbefreiung von den Fesseln der kollektiv wirtschaftenden Volkskommunen und durch die Möglichkeit einer langfristigen Pacht des Bodens die Rückkehr zu einer Bewirtschaftung auf eigene Rechnung. Den Fleißigen wird eine Chance gegeben, und sie wissen sie zu nützen. Peter kauft sich im Jahre 1983 einen Fernseher, welcher als der größte im Dorf eine Art Sensation darstellt. Doch immer noch ist solcher Luxus die Ausnahme in einem nach wie vor schlichten Leben, wie folgender Brief beweist, den Gertrude am 10. Dezember 1984 kurz vor ihrem Geburtstag nach Wien schickt:

Gertrude Wagner mit Ehemann am Fluß
in der Nähe Hucangs

Gertrude Wagner und Du Chengrong
im Jahr vor dessen Tod

»... Seit September haben wir pro Woche an zwei Tagen elektrisches Licht, manchmal auch in der Nacht zwischen 10 und 12 Uhr kommt das Licht, in der Früh um 6 Uhr wieder ohne Licht, der Strom reicht nicht. Der Fernsehapparat steht auch immer zugedeckt, am Sonntag vormittags gibt es Kinderfilme, das sehen sie so gerne, aber wir haben kein Licht. Wir haben gehört, daß ab Jänner das elektrische Licht wieder normal wird. Heuer haben wir schon so viele Kerzen verbraucht. Vor einer Woche habe ich endlich zwei Petroleumlampen zu kaufen bekommen, eine gab ich Peter.

Mit dem Gersten-, Weizen -, Reisstroh und getrocknetem alten Gras wird der Küchenofen geheizt.«

Es sind die kleinen Freuden, welche Gertrude in die ehemalige Heimat meldet, Freuden über Dinge, welche in Österreich seit Jahrzehnten zur Selbstverständlichkeit geworden sind. Daß sie nach 44 Jahren zum ersten Mal im Radio den Donauwalzer gehört hat und einige Jahre darauf zu Weihnachten zum ersten Mal wieder »Stille Nacht«, daß sie 1985 mit China im Aufbau endlich wieder eine Chinesische Zeitschrift in deutscher Sprache abonnieren kann. 1986 kann sie mit Erleichterung berichten, daß Alfred eine Waschmaschine geschickt hat und sie nun nicht mehr die Wäsche im Teich waschen muß. Im selben Jahr bekommt sie von Elisabeths Mann einen großen Ventilator: »Zi Shu hat für uns einen elektrischen Fächer gekauft, fein ist es jetzt.«

Chengrong und Gertrude sind nun zu alt, um die Chancen, die sich nun auf dem Lande bieten, profitabel nützen zu können. Sie sind von den Zuwendungen ihrer Kinder abhängig. Je nach ihrem Einkommen steuern die Kinder für den Lebensunterhalt der Eltern zusammen. Alfred, der es zum Labordirektor und Oberingenieur bringt, überweist am meisten. Doch die Kinder der Dus versäumen auch sonst nicht, bei sich bietenden Gelegenheiten den Eltern ihre Fürsorge und Zuneigung zu zeigen.

»7. Dezember 1988
Am 18. September ist Trudi mit ihrem Mann zu uns auf Besuch gekommen, anläßlich des 15. Tages des 8. Monats nach dem chinesischen Mondkalender, also gerade Mitte des Herbstes. Das Mondfest ist ein traditionelles chinesisches Fest. Hier ist es Sitte, an diesem Tag im Mondschein Mondkuchen zu essen. An diesem Tag ist der Mond besonders hell und rund. (Leider hat man vom Mond überhaupt nichts gesehen bei uns). Mondkuchen gibt es in südchinesischer Spezialität, auch in nordchinesischer. Ich esse sie sehr gerne. Trudi sagt, wir kommen früher, so könnt ihr jetzt zum Frühstück immer schon Mondkuchen essen. Trudi hat uns Wein, Mondkuchen und Obst gebracht. Am 24. ist Tschin In uns besuchen gekommen, hat uns auch Mondkuchen gebracht, Peter auch eine Schachtel voll Mondkuchen.«

In dieser warmen Atmosphäre der Kindesliebe haben die nunmehr alten Liebenden an Lebensqualität und Selbstsicherheit zugenommen. Chengrong wagt nun, an seinen Schwager Walter selbst zu schreiben. Es ist ein rührender Brief, der mit 29. Juli 1988 datiert ist:

»Mein lieber Schwager Walter!

Viele herzliche Dank für Deine mehrmals Geldsendungen. Wir wissen gar nicht wie Dir dafür danken können. Wie geht's Euch?

Wir sind jetzt allein. Die Kinder wohnen bei ihren Eltern. Wir lesen und schreiben, gehen spazieren, Karten spielen, T.V. anschauen. Manchmal gehen wir zur Töchter besuchen, sie besuchen uns auch.

Dongyan ist ein Yan (Bezirk) von Prov. Che Kiang, liegt südlich von der Hauptstadt Hangchow. (von dongyan Yar (Bez.). Nach Hangchow mit Verkehrsauto 173 km. oder von Dongyan Yan (Bez.) bis Ni-u Yan mit Autobus 18 km. Weiter mit Eisenbahn 132 km.) Wir wohnen im Dorf Wu-Zhan, bis Schan-lu 2.5km. zu Fuß, Schan-lu bei Dongyan Yan (Stadt.Bez.) mit Autobus 7 km.)

Unser Dorf liegt Nordseite bei dem Fluß Dongyan Kiang. Es hat 410 Familien mit 1600 Einwohnern. Vor 15 Jahren haben wir den Flußdamm hoch u. fest gemacht. Der Damm ist 180 km. lang. Jedes Haus muß nach Personensumme eine bestimmte Gewicht Steine mit Handwagen herfahren, und ewig mit Körb Sand tragen. Diese Arbeit dauert über ein Jahr. Peter hat damals noch die Messungsarbeit gehabt. Jetzt wir haben keine Angst vor Überschwemmung. Unser Dorf hat elekt. Leitung, Wasserleitung, vier Straße mit Beton, man kann mit Auto direkt bis zum Dorf fahren. Die Leute haben Ackerbaumaschinen, Fahrräder, T.V.. elektr. Fächer, Empfänger u. Sender-Radio, ... ein Auto, zwei Motorräder, 6 Traktoren. Wir haben auch einen Fernseher (T.V.), Waschmaschine, elekt. Fächer, elekt. Kochgeschirr. Peter hat auch T.V., Empfänger u. Sender Radio, elekt. Fächer, 4 Fahrräder. Die meisten Leute fahren mit dem Fahrrad zur Ackerarbeit.

Unser Kalender ist ganz eigenartig, nähmlich hat dreilei Daten zu zeigen. Neue Kalender ist so wie bei Euch, amtlich braucht man den. Die Leute privat brauchen den Altenkalender. Der ist nach Mond gerechnet. Groß Monat 30 Tage, klein 29 Tage, welches Monat groß oder klein ist unbestimmt. Der Mond voll rund ist Monatsmitte, Monatsanfang u. End sind Monddunkel. Ein Jahr hat 12 Monate, zusammen sind nur 354 Tage. Nach der Sonne gerechnet, ein Jahr hat 365 Tage. Alte Kalender setzt je 3 Jahre ein Schaltmonat ein, dieses Jahr hat dann 13 Monate. Schaltmonat ist nur um 2. bis 8. Monat. z.B. im Jahre 1987 hat ein Schalt 6. Monat. 26. Juni bis 25. Juli ist im Altenkalender 6. Monat (groß 30 Tag), 26. July bis 24. August ist Schalt 6. Monat (klein 29 Tag). Welches Monat Schalt ist wieder nicht bestimmt, hat man wieder eine eigene Rechnung. Im Neuen und Alten Kalender stimmen die Daten nie zusammen. Z.B. 1. Jänner 1988 ist im Alten Kalender 12.XI Vorjahr, Alter Neujahr (heuer 1.I.) ist im

Neue Kalender 17. Feber 1988. Feiertage, Geburtstage, Markttage –, die Leute alles nach Alten Kalender rechnen u. feiern.

Außerdem wir haben noch (gan-zhi) Jahr. 10 Tiangan. 10 Himmelsstange sind 10 chin. Wörter. 12 Dizhi 12 Erdenzweige sind 12 chin. Wörter. Was diese chin. Worte heißen, sind zu kompliziert, auch nicht so wichtig. Weil hier nur als Nummer zu brauchen. Wir werden mit a – j 10 Tiangan zeigen und mit 1 – 12 zweif Dizhi zeigen. Ein Buchstabe und eine Nummer bilden ein Paar. 6 × a – j u. 5 × 1 – 12 bilden 30 Paare. Also a1 – j 12 – Die werden in der Folge wiederholt als Jahreszahl brauchen. Alte Kalender zählt nicht 1981, 1988, sondern d4, e5.

Noch etwas, 1 bis 12 jedes Wort hängt mit einem Tier zusammen: 1 Ratte, 2 Rind, 3 Tiger, 4 Hase, 5 Drachen, 6 Schlange, 7 Pferd, 8 Ziege, 9 Affe, 10 Händel, 11 Hund, 12 Schwein. Wir Chinesen geboren in welchem Jahr jeder hängt mit einem Tier zusammen. z.B. Ich bin 1908 (29) geboren, ist Affe, Trude 1916 (05) ist Drachen. Alfred ist Schwein, Peter, Edith sind Hasen, Trudi ist Rind. Hier die Kinder auf die Welt kommen, ist gleich heißt ein Jahr alt, über Alte Neujahr heißt schon 2 Jahre alt. Die Geburtstagfeiern wird an den Tag an den sie geboren sind gefeiert. Heuer ist Drachenjahr (e5). Seit letzte Zeit hat das Postamt sogar 12 Tierbriefmarken herausgegeben.

Bei uns im Alten Neujahr ist der größte Feiertag, ähnlich wie bei Euch Weihnachten. Alle Leute von draußen wollen zurück nach Haus kommen, an der Neujahrstagfeier zu beteiligen. Vorher werden lange Zeit schon Vorbereitungen getroffen. Von Silvesterabend an, dauert es 15 bis 20 Tage, wird groß gefeiert. Verwandte, Freunde, werden gegenseitig besucht u. Geschenke gemacht. Die Töchter, Schwiegersohn u. Kinder kommen zu Eltern besuchen. Überall werden Drachenspiele vorgeführt, Lampionfest usw. Zu den chin. Ostern (im 4. oder 5. April) geht man zu Grab zur Erinnerung an der Verstorbenen. 5.V. Einerseits zur Erinnerung an einen großen Dichter v. Christus 700 Jahren. An den Feiertag die Leute werden Pickreispackerl u. Eier gegessen. Schon geheiratete Töcher mit Mann u. Kinder, und bringen Pickreispackerl, Fleisch u. anderen Geschenken zu den Eltern auf Besuch. In Prov. Hu – nan wo der große Dichter im Fluß Selbstmord begangen hat, (er war damals am Königshof von Zhu hoher Beamter gewesen.) und noch andere Plätze, werden Drachenbootwettfahren veranstaltet, da gibt es sehr viel Zuschauer. Unsre 3 Töchter kommen zum Feiertag auch uns besuchen.

Wir sind alle gesund u. gehts' uns gut.

Hoffentlich das Du kannst lesen u. verstehen.

Es grüßt herzlichst Dein Schwager

Du Tzen-Yun

Herzliche Grüße an Deiner Frau, Herbert, Otto u. alle Schwägerinnen, Enkelkinder, Urenkel.

29. Juni 1988«

EIN BESUCH AUS WIEN
KOMMT FAST ZU SPÄT

Doch das Schicksal hat für Gertrude und Chengrong eine letzte Prüfung bereit. Gertrude schreibt es zuerst in Andeutungen nach Wien, denn sie hat Sorge, Chengrong könnte dadurch erfahren, was er in Wirklichkeit hat: Krebs.

»30. Oktober 1989
Mein lieber Bruder Walter,
Seit März keine Post von Dir, hoffentlich bei Euch alle gesund.

Bei uns sind heuer viele Katastophen, Erdbeben, Überschwemmungen. Die Sojabohnenernte war heuer nicht gut, zu viel Regen. 22. 23. July Taifun, großer Regen, Überschwemmungen, zum Glück haben wir in der Wohnung kein Wasser gehabt, niedergelegene Wohnungen stehen im Wasser, 2 Häuser eingestürzt, auf den Straßen ein reißender Fuß der alles mitschwemmt, unser Hof war voll Wasser, 2 trockene Felder auf denen wir Mais anbauen, sind ganz zerstört. In der Stadt sehr großer Schaden, in einem Teil sind 80% alte Wohnungen eingestürzt. Das Wasser kommt ganz plötzlich von den Bergen herunter, auf diesen Bergen gibt es ansonsten gar kein Wasser.

Am 23. July ist Alfred retour gekommen, eine Dienstreise. Er hat auch Glück gehabt wenn das Verkehrsauto 1 Stunde später ankommt wäre es nicht möglich zu Lisel in die Schule zu fahren. Auf der Straße sehr hohes Wasser, die Wohnungen u. Geschäfte beiderseits im Wasser. Die Schule liegt 3 Meter hoch über der Straße. Den nächsten Tag sind Lisel, Trudi u. Alfred auf Umwegen mit dem Fahrrad zu uns gekommen. Haben Fleisch, Fisch u. Gemüse mitgebracht, das war eine Freude, 4 Jahre haben wir Alfred nicht gesehen. Sie waren auch alle froh, daß bei uns in die Wohnung kein Wasser rein gekommen ist, 3 Tage war er bei uns, Lisel u. Trudi sind abends retour, dann sind wir in die Stadt zu Lisel gefahren, abends mit dem Taxi Lisel hat es gerufen zu Trudi, dort waren wir 10 Tage, von dort mit dem Auto wieder zu Lisel die übrige Zeit haben wir dort gewohnt. Du kannst Dir denken wie furchtbar viel zum erzählen war. Pin Pin Alfreds Tochter geht jetzt in die hohe Mittelschule erstes Semester.

Nur schade Tzen-Yun ist krank.

Am 15. August haben wir Tzen Yun, Edith u. ich von ihm Abschied genommen; alles schöne vergeht schnell. Alfred ist in Begleitung von Lisel u. Trudi nach Nin gefahren dort wartet Trudis Mann sie haben zu Mittag gegessen, dann sein Gebäck aufgegeben, um 5 h ist er dann weggefahren. Lisel ist gleich retour gekommen.

Tzen Yun war Anfang July im Spital untersuchen. Seid Mai in der großen Seite immer Blut, hier gibt es keine Med.

Alfred hat Tzen Yun von Kunming Med. geschickt 3 Monate muß er sie einnehmen. Wir hoffen das alles gut geht. Die chin. Med. muß man jeden Tag kochen. Jetzt sind wir immer zu Hause. Die Kinder kommen uns immer besuche u. bringen uns immer Obst u. anderes mit. Tzen Yun hat früher immer Ginseng Extract u. Royal Yelly Mixture engenommen, jetzt American Ginseng Pills oder Mixture. Das hält ihn bei Kraft, jeden Tag 2×.

Wir haben diesmal viele Aufnahmen gemacht, ich gib Euch ein Bild, es ist in Lisels Schule aufgenommen. Das Bild ist in 3 Reihen, im Gras weiße Bluse Edith, gemustert Trudi, blaue Kleid Lisel, Tzen Yun u. ich, zwischen Lisel u. Tzen Yun Alfred, zwischen Tzen Yun und mir Peter. Auf dem Bild schaut Tzen Yun ganz gut aus.

Sen In ist von Ynshu retour gekommen und hier als Lehrer, in Shanlu, neue Schule, jeden Mittwoch abends haben die Lehrer frei u. da kommt er mit dem Fahrrad auf besuch zu uns, ganz in der Früh wieder in die Schule, jeden Samstag fährt er mit dem Fahrrad nach Hause, Sonntag abends muß er wieder in der Schule sein.

Gertrude Wagner in ihrem Wohnzimmer, April 1990

Seid 10 Tagen habe ich wieder Kopfschmerzen u. nimm Med.

Wir haben jetzt die letzte Ernte.

Die Eisenbahnfahrkarten sind 120% teurer geworden, Ediths Mann ist jetzt in Shanghai bei seinen Schwager, der hat ein Bauprojekt übernommen u. er hilft ihm, so bekommt er monatlich Gehalt.

Der private Handel wird immer schwerer. Bei der Ernte Edith allein, so haben Peter u. seine Frau ihr 2 Tage geholfen, so ist die Arbeit für sie vorüber. Wir haben jetzt die letzte Ernte.

Wie geht es Euch allen, was macht Ihr? – Würde mich sehr freuen von Dir mal Post zu bekommen.

Für heute schließe ich mein Schreiben u. hoffe daß Euch meine Zeilen bei bester Gesundheit erreichen.

Herzlich grüßt Euch alle

Deine Schwester Trude.

Viele liebe Grüße an meine lieben Brüder u. Schwägerinnen so auch an Wolfgang Margit u. den lieben Kindern.

Ich habe bemerkt Du schreibst zum Schluß oft ›Zufriedenheit‹ Du kannst versichert sein ich habe nichts zum bereuen, Tzen Yun u. die Kinder sind sehr gut zu mir, es geht uns jetzt gut. 4 Enkelkinder haben schon Arbeit, alle Enkelkinder haben uns gern u. kommen gerne zu uns.

›Immer lächeln u. immer vergnügt immer zufrieden wies immer sich fügt‹ nach dem leben wir. Im Vorjahr habe ich vom Dorf eine Auszeichnung bekommen ›gute Familie‹.«

Die bittersüße Geschichte vom »Land des Lächelns« geht ihr im Kopf herum wie das Zitat zeigt, mit dem sie ihren Brief abschließt. Damals hat sie von ihrem Chengrong Abschied genommen. Steht ihr nun ein Abschied für immer bevor? Was sie befürchtet, ist dem Zusatz des Briefes zu entnehmen, den Chengrong nicht zu Gesicht bekommt.

Nach der Untersuchung wissen wir er hat Krebs. Der Arzt hat eine andere Darmkrankheit für Tzen-Yun geschrieben. Die 4 Kinder haben besprochen u. Alfred ein Telegramm geschickt ihn retour gerufen, Lisel hat im Brief das Untersuchungsergebnis ihm geschickt.

So hat er in Kunming mit den Ärzten alles besprochen (Krebskrankenspital). So ist er gleich retour gekommen, zu Tzen Yun sagen sie Dienstreise. Peter war mit Alfred in Hangchow mit einem bekannten Arzt besprechen er sagt früher oder später Operation. Alfred u. die anderen sind nicht einverstanden, sie haben Sorge das er es nicht übersteht, so hat Alfred entschlossen das er von Kunming Med. schickt er sagt: Mama wenn wir Glück haben wird es so gut gehen. So paßen wir auf das er bei Kraft bleibt. Er lebt so wie früher nur gehen wir jetzt nicht spazieren u. er turnt nicht, niemand behandelt ihn als kranker.

Vor 10 Tagen hat mir die Zettel vom Spital gezeigt u. mir gesagt auf was ich aufpaßen muß, wenn irgend eine Veränderung in seinem Befinden ist sofort Telegramm geben u. die Med. muß geändert werden.

Von damals an hab ich wieder diese Kopfschmerzen, wenn wir alle auch immer ein lachendes Gesicht zeigen das Herz ist doch schwer, wir hoffen alle zu Gott das alles gut abgeht. Das schreib ich separat damit Tzen Yun es nicht sieht.

Am 8. Dezember 1989 folgt ein weiterer Brief:
»Mein lieber Bruder Walter,

Vorallem wünschen wir Euch ein frohes Weihnachtsfest u. die besten Wünsche für ein glückliches Neues Jahr.

Am 23. Dez. werden es 3 Monate das Tzen-Yun die Med. die Alfred schickt einnimmt. Jetzt ist im Stuhlgang selten Blut. Er nimmt täglich 2 × die nahrhafte Med. Ginseng, das hält ihm bei Kraft u. ich sorge für gutes essen für ihn u. Obst muß er essen, zum Glück ist heuer das Obst nicht zu teuer. Seid Tzen Yun Med nimmt sind wir immer zu haus. Die Kinder kommen uns immer besuchen u. bringen auch immer Obst u. anderes mit. Sen In kommt jeden Mittwoch abends, er ißt mit uns zu abend, hat viel zum erzählen, schläft im neuen Haus damit wir in der Früh nicht so zeitlich aufstehen müßen, wenn er was gutes sieht so bringt er es immer.

Seid 2 Wochen ist Peter krank, er hat sich zu überarbeitet, heute wieder im Spital untersuchen, seine Frau begleitet ihn. Du siehst heuer ist wirklich kein gutes Jahr. Meine Kopfschmerzen haben endlich aufgehört.

Wie geht es Euch hoffentlich alle gesund?

Habe schon so lange keine Post von Dir bekommen. Hast Du meinen Brief vom 30. X. bekommen?

Nochmals alles Liebe u. Gottes Segen zu den Feiertagen

Es grüßt Dich und Deine Lieben

Deine Schwester Trude

Bitte grüße meine lieben Brüder und Schwägerinnen recht herzlich auch Ihnen wünsche ich ein frohes gesegnetes Weihnachtsfest u. ein glückliches Neues Jahr.«

Am 22. Januar 1990 greift Gertrude mit froststarren Händen wieder zur Feder und schreibt nach Wien, wie sie mit Chengrong das Mondneujahr verbracht hat.

»Lieber Bruder Walter,

Vorallem wünschen wir Euch viel Glück u. Gesundheit im neuen Jahr.

Seit Tzen-Yun Med. nimmt sind wir immer zuhause, schon 4 Monate, wenn sie uns besuchen kommen haben wir immer große Freude.

Am hl. Abend waren wir ganz allein, ich sag zu Ihm, ›so einsame Weihnachten‹ um ½ 6 h abends klopft es an die Tür u. Trudi mit ihrem Mann kommen das war eine Freude sie bringen mir eine Weihnachtskarte mit Musik ›Stille Nacht, heilige Nacht‹ es ist das erste Mal seid ich in China bin das dieses uralte Lied in unserm Haus erklingt, ich war zu Tränen gerührt. Sie haben uns Milchpulver, gefüllte Kekse, Schokolade, Zuckerln mitgebracht u. für Vater nahrhaftige Sachen. Um 6 h klopft es wieder an die Tür, Zi Shu kommt er sagt: Mama heute ist Weihnachten, abends brauchst Du nichts kochen, ich bring in Fett ausgebratene

Brote für Euch u. für dich ein p. warme Schuhe. Ihr könnt Euch denken, wir haben uns unsagbar gefreut gerade so allein u. jetzt mit so viel Liebe umgeben. Um ¼ 7 h sind sie wieder in die Stadt gefahren ihre Kinder warten auf sie. Am hl. Abend hab ich gleich die Schuhe probiert, wirklich sehr warm u. leicht.

Edith ist 2 Tage später gekommen. Sie hat das Schwein abgestochen u. bringt uns Fleisch und Fett.

Heuer haben wir viel regen. Nov. Dez. aber ohne Schnee, aber meine Hände sind wieder gefroren.

Am 26sten ist das letzte Tag im alten Kalender am 27ten ist das Neujahr oder Frühlingsfest.

Wir haben die Neujahrsmehlspeise geschnitten, aus 2erlei Reis, Reis, Klebereis mit Erdnüssen u. Mohn. Jetzt freuen wir uns schon wenn sie um Neujahr alle wieder kommen. Es gibt natürlich viel arbeit aber wir sind doch nicht so allein u. ist wieder lustig im Haus.

Wir wünschen Euch recht viel Glück u. Gesundheit im neuen Jahr, bitte das gleiche auch meinen lieben Brüdern u. Schwägerinnen zu übermitteln,

Es grüßt Dich und Deine Lieben recht herzlich

Deine Schwester Trude«

Am 26. März schreibt sie wieder einen Brief an ihren Bruder und seine Familie.

Deutlicher kann man Gertrudes Charakter nicht erfühlen. Zu einer Zeit, als ihr eigener Mann todkrank im Bett liegt und der Besuch ihres Bruders vielleicht Trost bringen könnte, denkt sie nicht an sich, sondern an die Gesundheit ihres Bruders und die Sorgen von dessen Frau.

»... Lieber Walter ich sehe du hast wieder Interesse für eine Chinareise, gib doch den Gedanken endlich auf, bei so hohem Blutdruck ist so eine lange Reise nicht ratbar. Du mußt vor allem an Deine liebe Frau denken, wie kannst Du ihr eine solche Sorge aufladen? – Überall in der Welt gibt es schöne Landschaften u.s.w. es muß nicht China sein.

Wir sehen in Fernsehen immer alles Sehenswerte von der ganzen Welt, China inbegriffen an. Man braucht kein Fahrgeld, keine Kraft u. wenn auf etwas die Rede kommt, kann man mitreden...«

Chengrong verfügt über ausreichende medizinische Kenntnisse, um zu wissen, wie es um ihn bestellt ist. Er, den die anderen schonen wollen, sucht nach einem Weg, um sie über seinen bevorstehenden Fortgang hinwegzutrösten. Zu Trudi sagt er: »Jeder Mensch muß sterben. Ich bin mit meinem Leben wirklich zufrieden. Erstens besitze ich die aufrichtige Liebe deiner Mutter. Zweitens habe ich euch Kinder und eure Liebe. Alle von euch waren so gut zu mir. Warum sollte ich nicht zufrieden sein.« Und dann trägt er Gertrude auf: »Du und dein Mann habt ein recht gutes Auskommen. Helft Peter und Edith! Kommt nach meinem Tod öfter, um Mutter zu besuchen. Tröstet sie und die anderen Kinder!« Trudi treibt es die Tränen in die Augen, und sie findet keine Worte. Als der Vater das merkt, sagt er beschwichtigend: »Nicht traurig sein! Ich werde mich erholen. Ich bin ein Chinese, habe aber niemals die Große Mauer gesehen. Wenn es mir wieder gut geht, dann fahre ich mit eurer Mutter zur Großen Mauer. Wie könnte ich da jetzt schon sterben?«

Alfred konsultiert in Kunming die berühmtesten Ärzte und schickt jeden Monat chinesische Medizin. Chengrong sagt zu Gertrude: »Diese Arznei schmeckt wie Kot. Ich nehme sie nicht für mich, sondern deinetwegen, denn ich ich will dich noch ein längeres Stück Weges begleiten!« Immer wieder will Peter die Mutter bei der Pflege des Vaters ablösen, aber sie besteht darauf, alles selbst zu machen. Trotz des inneren Schmerzes zwingt sie ein Lächeln auf ihre Lippen. Sie spricht mit Chengrong über die alten Zeiten und bestärkt ihn in seinen Reiseplänen: »Wie kann ein Chinese noch nie an der Großen Mauer gewesen sein? Nach deiner Genesung werde ich dich dorthin begleiten. Wir werden auch nach Hangzhou und überhaupt in ganz China herumreisen.«

Da beschließt der Himmel, Chengrong den Heimgang etwas leichter zu gestalten und ihm die Angst um das künftige Schicksal seiner Frau zu nehmen. In Wien sieht Gertrudes Bruder Walter das Plakat eines Chinavortrages von Kaminski und Unterrieder im Auditorium Maximum der Universität Wien. Er beschließt hinzugehen, um sich einen Eindruck von den Lebensumständen seiner Schwester zu verschaffen und vielleicht einen neuen Kontakt zu schließen, der die Kommunikation erleichtert. Nach Ende des Vortrages fragt er den Autor nach Hucang, das er wie Wuhan, die Hauptstadt Hubeis, ausspricht und erzählt von seiner Schwester. Der Autor weiß von den ehemals in Wien zur Schulung gewesenen Polizisten, doch hat er von dieser Heirat und einer in China lebenden Gertrude Wagner noch nie etwas gehört. Recherchen ergeben den wahren Aufenthaltsort Gertrudes und durch eine weitere Fügung hält sich die Gattin Lu Jiaxians, des Vizepräsidenten der Österreichisch-Chinesischen Gesellschaft Frau Gao Wenying zur Feier des siebzigsten Geburtstages ihrer Mutter gerade in Shaoxing auf. Telefonisch wird ihr von ihrem Mann die Bitte übermittelt, ein Auto zu mieten und Gertrude in ihrem Dorf zu besuchen. Dies ist anfänglich gar nicht so leicht, denn bei Anfragen in Dongyang wird zuerst einmal die Existenz Gertrudes geleugnet. Das ist umso befremdlicher, als Gertrude in der offiziellen Statistik Dongyangs durchaus zu finden ist. Hinter siebzehn Hui, einem Tibeter, vier Miao, fünf Zhuang, drei Buyi, zwei Koreanern, einem Mandschu, einem Dong, einem Bai, einem Tujia, einem Thai, einem Gaoshan steht dort deutlich: eine weibliche Österreicherin. Schließlich wird die Adresse über Verbindungen der Familie Lu den lokalen Behörden abgetrotzt, und Frau Gao kann die damals noch sehr mühevolle Reise nach Hucang antreten. Am nächsten Tag ruft sie in Wien an und berichtet, die Österreicherin sei bei guter Gesundheit, doch dem alten Herrn gehe es sehr sehr schlecht. Sehr schlecht gemessen am österreichischen Standard seien auch die Lebensumstände. Die beiden Vortragenden vom Auditorium Maximum, damals Generalsekretäre der Österreichisch-Chinesischen Gesellschaft, beschließen daher, eine für 1990 geplante Chinareise vorzuverlegen und noch etwas wird beschlossen: Frau Wagner muß bei der Wiedererlangung der österreichischen Staatsbürgerschaft unterstützt werden, damit ihr von der österreichischen Botschaft in Peking geholfen werden kann, ohne dabei in innere chinesische Angelegenheiten einzugreifen. Der Autor läßt sich von Walter Wagner den Schriftverkehr mit den österreichischen Behörden zeigen. Da gibt es einen Brief der österreichischen Botschaft vom 28. März 1980 folgenden Inhalts:

»Sehr geehrte Frau Wagner!

Mit Bezug auf Ihren Staatsbürgerschaftsfeststellungsanstrag hat die zuständige österreichische Behörde mitgeteilt, dass Sie infolge Ihrer Verehelichung am 24. 2. 1935 und dem damit verbundenen Erwerb der chinesischen Staatsangehörigkeit gem. Par. 9 (1) in Verbindung mit Par. 15 des Stbg.1925, die österreichische Staatsbürgerschaft verloren haben. Auch die spätere Aberkennung der chinesischen Staatsangehörigkeit kann diesen Verlust nicht rückgängig machen.

Gemäß der einschlägigen Bestimmungen des Staatsbürgerschaftsgesetzes 1965 und dessen Novellierung aus dem Jahr 1973 besteht jedoch für Sie durch einen einjährigen ununterbrochenen Aufenthalt in Österreich die Möglichkeit Ihre Staatsbürgerschaft wieder zu erlangen.

Die Botschaft ersucht Sie um Mitteilung, ob dies für Sie unter Umständen in Frage kommt.

Hochachtungsvoll
Frau Gertrude Wagner

Huchang-Brigade der
Shanglu-Kommune
Zhejiang Provinz«
Links unten hat Gertrude handschriftlich vermerkt:
»Ich habe geantwortet: daß mir seine letzten Zeilen eine große Enttäuschung bereitet haben und ein Aufenthalt in Österreich für mich nicht möglich ist.«

In Anbetracht ihrer Umstände hätte man Gertrude genau so gut auffordern können zum Mond zu fliegen – eine Tatsache, welche angesichts der Adresse Gertrudes – Hucang-Brigade der Shanglu-Kommune – eigentlich hätte auffallen müssen. Der Magistrat in Wien hat einen abschlägigen Bescheid erlassen ohne je recherchiert zu haben, ob Gertrude tatsächlich je die chinesische Staatsbürgerschaft erworben hat. Nun ist Eile geboten und plötzlich werden auf Drängen des Autors in China und Österreich wahre bürokratische Wunder bewirkt. In Wien hat ein anderer Leiter die Abteilung übernommen. Dr. Leinweber entpuppt sich als wahrer Rodeoreiter des Amtsschimmels und darüber hinaus als Mensch mit humaner Gesinnung. Wenn aus China nachgewiesen wird, daß Gertrude nie chinesische Staatsbürgerin wurde, so würde eine Änderung des ursprünglichen Bescheides sofort erfolgen. In Hangzhou setzt Lu Jiaxian alles daran, daß diese Mitteilung prompt übermittelt wird. Der ehemalige Bürgermeister von Shaoxing Wang Xianbo, nunmehr als Vizeparteisekretär der Provinz für solche Fragen zuständig, war kurz vorher in Wien und ist bereit zu helfen. Innerhalb der unfaßbaren Frist von drei Tagen, in der sowohl die Führung von Zhejiang wie auch das Sicherheitsministerium in Peking befaßt waren, kommt mit Approbierung des Sicherheitsministeriums ein Fax nach Wien, welches die für Dr. Leinweber wichtigen Umstände bestätigt. Der überwindet bürokratische Hindernisse und weist die Botschaft in Peking an, dem Autor bei der

Durchreise nach Hucang Gertrude Wagners Staatsbürgerschaftsurkunde auszufolgen.

Im April 1990 besteigen die beiden Institutsleiter Kaminski und Unterrieder in Hangzhou ein Auto, das sie in mehrstündiger Fahrt nach Dongyang bringt. Aus dem Staub der Lehmstraße, welche nach dem Dorf Hucang führt, taucht plötzlich ein Motorradfahrer auf, welcher sich als einer der Schwiegersöhne Frau Wagners entpuppt. Er lotst, und bald zeichnen sich die Silhouetten der Häuser und Gehöfte Hucangs ab. Der Dorfteich kommt in Sicht, wo Frau Wagner bis vor wenigen Jahren die Wäsche der ganzen Familie eingeweicht und mit den ortsüblichen langen hölzernen Wäscheklopfern bearbeitet hat.

Das Dorf ist von Wasserreis-, Weizen- und Maisfeldern umgeben. Vor den Häusern sitzen Erwachsene und Kinder bei Flechtarbeiten. Körbe sind es und Getreidebehälter. Der Fahrer tut sich schwer, dem Motorrad zu folgen. Es geht über zu viele offene Kanäle, wo bloß einige Steinplatten eine Überfahrt ermöglichen sollen. Ein Bogen muß gemacht werden und schließlich nähert sich das Fahrzeug einer etwas breiteren Dorfstraße, wo vor dem Torbogen eines von Jahrhunderten geschwärzten Gehöftes eine zarte Frau in chinesischer Kleidung steht.

Nach vielen Jahren sieht Frau Wagner zum ersten Mal wieder Europäer, kann zum ersten Mal mit Landsleuten wiederum deutsch sprechen. Gewiß, früher hat sie immer gegenüber ihrem Mann und ihren Kindern die Muttersprache benützt, doch während der Kulturrevolution hat man ihr den Gebrauch des fremden Idioms verboten und ihren kleinen Vorrat an Büchern beschlagnahmt. Nur langsam gehen ihr anfänglich die ungewohnten deutschen Worte von der Zunge. Sie führt die Gäste über einen schmalen Gang vorbei an uralten geschnitzten Türen und Fensterflügeln, die mit chinesischen Glücksgöttern und Glückssymbolen geziert sind. Ums Eck geht es, man sieht die große Halle, wo früher die Ahnenbilder und ihre Tafeln aufbewahrt wurden, doch dort wohnen andere Leute. Die wenigen kleinen Zimmer hinter den hölzernen Fensterflügeln, wo die Schnitzereien abgeschlagen worden sind, da ist sie daheim.

Das erste Zimmer mit Zementfußboden ist weiß getüncht. Auf einem Tisch steht eine Schale mit Früchten zur Begrüßung. An den Wänden hängen Familienphotos, an einem prominenten Platz das vergrößerte Porträt der Mutter Frau Wagners. Von diesem Zimmer gibt es Zugang zur Küche, wo der große chinesische Herd mit seinem Metalldeckel, im Winter als einzige Wärmequelle zur Verfügung steht und mit gepreßtem Stroh beheizt wird. Die andere Türe geht ins Schlafzimmer, wo das für die Gegend typische Kastenbett zu finden ist. Dort liegt ein abgezehrter alter Mann. Im guten Gesicht liegen große Augen, welche Freude verraten, als er die österreichischen Besucher sieht. Dieses Gefühl bringt er auch durch Worte zum Ausdruck. »Eine große Freude!« sagt er immer wieder in deutscher Sprache. Er sagt auch, daß er gerne Wien wiedergesehen hätte und daß er auch noch nie in Peking war. Er weiß, daß ihm diese Möglichkeiten nicht mehr beschieden sein werden.

Und trotzdem strahlt sein hageres Gesicht Glück und Frieden aus. Den mitgebrachten Staatsbürgerschaftsnachweis seiner Frau hält er fest umklammert, als wolle er ihn nie mehr aus den Händen lassen. »Große Freude« und »danke« sagt er dabei immer wieder. Dann greift er zum Kristall der Firma Swarovski, und sein Blick versenkt sich in die vielen Facetten, welche sogar im Halbdunkel des Zimmers ihr Licht versprühen. Er möchte noch mehr mit den Gästen des Landes reden, welches er vor fast sechzig Jahren verlassen hat, doch seine Frau drückt ihn sanft in seine Ruhelage zurück. »Es regt ihn zu sehr auf« sagt sie und geht dann in die Küche, um Kaffee zu machen, eine andere Erinnerung an Wien.

Später, als ihr Mann schläft, verläßt sie das Haus, zeigt den Spazierweg, den sie – zur Verwunderung der Dörfler – jeden Tag mit ihrem Mann gegangen ist, am Fluß entlang, wo sie den Damm mitgebaut hat und sich mit dem Tragholz für die mit Erde gefüllten Körbe die Schulter blutig geschunden hat. Auf der Rückseite des Dorfes befinden sich Bambusgehölze. Bambus ist ein wichtiges Produkt der Gegend und wird auch künstlerisch verarbeitet. In Dongyang besteht das Gästezimmer für den durchreisenden Gouverneur ganz aus diesem Material. Pfirsichbäume schließen sich an, »Birnen mit roten Herzen«, Weinstöcke und süße Pfirsichbirnen.

Danach kommt der Abschied von Herrn Du Chengrong. Es ist ein Abschied für immer.

Kurz vor seinem Tod am 28. April 1990 bewegt Chengrong noch seine Lippen. Er kann schon nicht mehr sprechen. Zuerst denkt Trudi, er wolle nach ihrer älteren Schwester rufen, doch er schüttelt den Kopf. Die Mutter kommt herein, und wieder versucht Chengrong etwas mitzuteilen. Von den versammelten Kindern weiß keines, was der Vater möchte, doch Gertrude versteht. Sie geht in das Nebenzimmer, nimmt den mit Stempeln und Unterschrift versehenen Staatsbürgerschaftsnachweis, hält ihn vor sein Gesicht und sagt unter Tränen: »Du kannst beruhigt sein.« Er lächelt und schließt die Augen.

SEELENGELEITBANNER UND LANGES-LEBEN-KLEIDER

Der Kamerad so vieler Jahrzehnte hat für immer die Augen geschlossen. Sein Versprechen, er würde mit Gertrude noch ein Stück Weges gehen, hat er nicht halten können. Nun ist Gertrude alleine und mit den festgefügten Regeln konfrontiert, welche in Dongyang und Umgebung für den Tod eines nahen Familienangehörigen gelten.

Die Tradition fordert, daß man dem Verstorbenen die »Langes-Leben-Kleider« anzieht und ihm für die Reise ins Jenseits Essen in den Mund steckt. Dann ist der Tote in der Langtang, der Mittelhalle, aufzubahren. Kerzen muß man anzünden und ein Paar Strohschuhe verbrennen, damit die Seele den Weg ins Schattenreich leichter gehen kann sowie Papiergeld, damit sie dort auch bei Kasse ist.

Von der Familie muß jemand den Geomanten aufsuchen, damit der für das Begräbnis den richtigen Tag und passenden Ort bestimmt. Im Trauerhaus darf man keine Messer oder Nadeln benützen und kein Fleisch essen. Fünfunddreißig Tage lang soll man sich nicht die Haare schneiden lassen.

Gertrude ist gewillt, sich weitgehend den alten Bräuchen anzupassen, doch in drei Punkten gibt sie dem örtlichen Bestattungsverein, der sich der Begräbnisvorbereitungen angenommen hat, Instruktionen, welche von der Tradition abweichen. Ihre Anweisungen werden öffentlich angeschlagen. Sie weiß sich einig mit Chengrong, als sie verfügt, daß die Familienmitglieder nicht die üblichen weißen Kopfbinden, Hanfkleider und Strohschuhe tragen werden. Schwarz findet sie würdiger und außerdem gibt sie durch eine schöne Trauerkleidung der ganzen Familie und dem geliebten Mann in seinem Dorf, wo er so oft gedemütigt worden ist, ein letztes Mal Gesicht. Aus ähnlichen Gründen lehnt sie weitgehend die Musikbegleitung durch die übliche schrille Kapelle ab und bestellt europäisch instrumentierte Trauermusik, die von einem Bandgerät abgespielt werden soll. Und mit noch einer Anordnung löst sie das Erstaunen der Dorfbewohner aus. Sie bricht mit der Gewohnheit, daß die Leidtragenden dem Sarg vorausgehen und verfügt, man möge den Sarg wie in ihrer Heimat vorantragen und sie und die anderen der Trauergemeinde würden folgen. Bei den anderen Vorbereitungen läßt sie dem Bestattungsverein freie Hand.

Der Geomant bestimmt den zweiten Mai zum Beerdigungstermin. Der erste Mai ist Staatsfeiertag. Aus der Nachbarwohnung im Gehöft dröhnt die Fernsehübertragung der Feiern in Peking. Im Dorf ist man guter Dinge, knobelt und spricht dem Schnaps zu. Gertrude geht in die Stille vor das Dorf hinaus, hält sich entlang des Flusses und folgt den Spuren jenes gemeinsamen Weges, den sie täglich mit ihrem Chengrong gegangen ist. Sehr zur Verwunderung der Bauern, die nie begriffen haben, was man mit einem Spaziergang bezweckt. Immerhin war man schon dankbar, daß beide im vorgerückteren Alter nicht mehr Schwimmen gingen, welches im Vergleich zum Spazierengehen nicht nur merkwürdig, sondern obendrein noch unmoralisch war. Jeden Schritt setzt Gertrude bewußt, als könnten ihre Füße die Spuren finden, welche Chengrong auf der Reise, die er antreten mußte, hinterlassen hat. In der Nacht betet sie. Möge ihn doch der liebe Gott in sein Paradies aufnehmen! Immerhin haben sie katholisch geheiratet. Die Vorstellung vom Himmelvater, der mit seinem Sohn und der Jungfrau Maria im Himmel sitzt, ist ihr vertrauter als das, was ihr Chengrong über das chinesische Jenseits erzählt hat.

Nach dem Glauben der Daoisten wird der Verstorbene Teil eines Systems, das dem zu seinen Lebzeiten gar nicht unähnlich ist. So wie sich China früher und heute als Beamtenstaat mit Vorgesetzten und Untergebenen darstellt, so sehen die Daoisten den Götterhimmel als hierarchisch organisierte Bürokratie mit dem Jadekaiser an der

Spitze. Su Shuyang, der Nachfolger Lao Shes als Darsteller von Pekinger Genreszenen, hat einmal in einer Erzählung über die Ängste eines kleinen Beamten vor der himmlischen Bürokratie und dessen Entschluß, es dann in allem seinem vorgesetzten Amtsdirektor nachzumachen, geschrieben. Tatsächlich wird die Seele zuerst einmal einer behördlichen Behandlung unterzogen, welche an Instanzen der Schilderung in Molnars Liliom überlegen ist. Zuerst hat sich die Seele im Dorftempel beim Gott des Erdbodens zu melden. Von dort wird sie an das Amt des Stadtgottes weitergereicht. Zuständig wäre der von Dongyang. Und von dort – mit einigem Glück – wird ihr ein künftiger Aufenthalt am heiligen Berg Taishan zugewiesen, an dessen Spitze der Jadekaiser seinen Tempel hat. Ein jenseitiger Behördenweg? Haben die chinesischen Behörden Chengrong vor oder nach 1949 immer gerecht behandelt?

Nach buddhistischer Auffassung, die sich im Dorf oft mit dem Daoismus vermischt, ist der Weg der Seele ein noch mühevollerer. Jeden siebten Tag passiert sie eine der Hallen der Unterwelt. Am sechzigsten Tag muß sie über eine Art Styx, einen Fluß, der nur schwer zu überwinden ist. Es gibt aber keinen Charon. Die Hinterbliebenen haben der Seele hinüberzuhelfen und verbrennen daher an diesem Tag ein Schiff und zwei Brücken aus Papier. Erst am hundertsten Tag erreicht die Seele ihr endgültiges Ziel. Wenn sie Glück hat und das Urteil des Totengerichtes günstig ausgefallen ist, so wird sie in das buddhistische Paradies aufgenommen. Schon bald nach der Rezeption des Buddhismus aus Indien haben die realistisch denkenden Chinesen das Nichts des Nirwanas durch prächtige Paradiesvorstellungen ersetzt. Wenn allerdings das Totengericht zu einem ungünstigen Urteil kommt, dann wird die Seele von Höllenfolterknechten aufs grausamste gequält. Chengrong hat Gertrude früher in buddhistischen Tempeln solche Darstellungen gezeigt, die uns Europäer an die Bilder von Hieronymus Bosch erinnern. Gertrude hat es jedes Mal dabei geschaudert.

Kann nicht, so wie sie Gast in China ist, Chengrong Gast im Reiche des himmlischen Vaters sein? Gelitten hat er doch genug? Und wo soll sie ihn suchen, wenn sie einmal selbst nicht mehr ist? Soll sie ihm schon wieder in eine Fremde folgen?

Sie kann nicht schlafen, nickt nur für Augenblicke ein. Am Morgen geht sie in den Hof. Sieht hin zur Mittelhalle, wo der Sarg auf zwei Holzböcken liegt. Sie hat mit der ganzen Familie für ein Begräbnis der besten Klasse zusammengelegt. Die in diesem Jahr zum ersten Mal erhaltene Zuwendung von Österreich verbraucht sie nicht für sich selbst, sondern für das Andenken ihres Mannes. Prüfend gleitet ihr Blick über den sauber gekehrten Hof. Am First der Mittelhalle sind zwei Kalligraphien angebracht.

Die eine ist auf gelbem Grund und lautet: »Du Chengrong Lingtang« – »Das Seelenzimmer des Du Chengrong«. Die weiße mit grünem Streifen wünscht dem Verstorbenen wie ein Drache im Himmel und Meer zu sein.

An der Wand der Haupthalle des Gehöftes hängen Widmungsinschriften auf weißem Papier, in der Mitte das Zeichen »Dian«, das Trauer bedeutet. Daneben kunstvoll gepinselt: »Ewig wie die Föhre, grün wie der Bambus«, »Was er sagte, kann man wie die konfuzianischen Klassiker zitieren«, »Sein Betragen war ein Muster für andere«, »Zu seinen Lebzeiten respektierten ihn Männer wie Frauen, jung und alt« und »Seine Seele spiegelt sich in Mond und Sonne«.

Hinter dem Sarg steht der Opfertisch. Diesmal nicht, um sie mit dem Geliebten zu vereinigen, sondern um ihn von ihr zu trennen. In den beiden alten Opferleuchtern aus Zinn, welche auch bei ihrer Hochzeitsfeier Dienst taten, stecken weiße Kerzen. Auf dem Tisch steht ein großes oben mit schwarzem Tuch bekröntes Photo des

Verstorbenen. Der Tisch beherbergt auch das Seelentäfelchen, in welchem sich eine Seele des Toten später aufhalten wird. Eine zweite nimmt Wohnstatt im Grab, und die dritte wandert ins Jenseits.

Mit Genugtuung sieht Gertrude, daß das Dorf ihrem lieben Toten den letzten Respekt sichtbar gezollt hat. Der Sitte gemäß soll jeder Teilnehmer an der Trauerfeier »große« oder »kleine« Geschenke mitbringen. Große Geschenke sind Kränze aus Papierblumen, seidene Banner, welche eine Widmung und den Namen des Gebers tragen und Opferpapier. Die kleinen Geschenke bestehen im allgemeinen aus neun Bündeln langer Räucherstäbchen, zwei Bündeln Opferpapier und zwei weißen Wachskerzen. Je nach örtlichem Brauch kommen in beiden Fällen noch papierene Silberbarren dazu.

Links und rechts vom Sarg sind etwa ein Dutzend großer Kränze aus kunstvoll gefertigten Papierblumen aufgestellt. Eine der Inschriften auf den Schleifen, die in deutscher Sprache abgefaßt ist, werden die meisten Trauergäste nicht lesen können. Gertrude will beim Abschied die Familie teilhaben lassen, welche sie vor fünfundfünfzig Jahren wegen ihrer großen Liebe verlassen hat. Für sie und die älteren ihrer Kinder steht zu lesen: »Grüße aus weiter Ferne Herbert, Walter, Otty«, mit dem daruntergesetzten Vermerk »Bruder«. Unter dem Namen Gertrude und Bruna steht die Bezeichnung Schwägerin. Die anderen Kränze tragen kalligraphierte Widmungen:

»Der Ehrenmann Du Chengrong ruhe in ewigem Frieden! Seine für immer ergebene Frau Hua Zhiping in Tränen«, »Respekt für den ehrwürdigen alten Mann für 1000 Generationen! Der Pensionistenverband des Dorfes Hucang.« Die Schleifen sind oben mit einem goldenen Weihrauchgefäß geziert. In der Mitte der Kränze wiederum das Zeichen Dian. Auf den Pfosten der Halle sind ebenfalls Inschriften angebracht: »Sein rotes Herz scheint für 1000 Jahre« und »Sein guter Ruf wird ewig währen«.

Es sind auch andere »große Geschenke« in der Form von mit Schleifen gezierten Seidenstoffen reichlich vorhanden. Die Grundfarben sind violett, blau und rosa. Gertrude sieht eingewebte Chrysanthemen, zweimal einen Phönix und einmal Winterkirschblüten, die Chengrong so geliebt hat. Rechts von Sarg aufgepflanzt ist ein mehrere Meter hoher schlanker Bambusstamm, der sich unter dem Gewicht einer langen Kette von Trauerlampions leicht in Richtung Boden neigt. An seinem Wipfel hat man die Blätter belassen. Stammt er von einem der Bambusgehölze, an welchem sie und Chengrong bei ihrem täglichen Spaziergang immer vorbeigekommen sind?

Auf dem Boden vor und zu beiden Seiten des Sarges liegt zusammengebündeltes Stroh. Strohhalme durfte die kleine Gertrude in der Schule während des Advents in die Krippe des Jesuskindes legen, wenn sie brav war. Strohtaschen begleiteten Chengrong auf seiner Reise nach Österreich. Strohhalme sammelten sie und ihre Kinder von den Feldern Hucangs auf, um an ihrem geizigen Feuer die frostklammen Finger zu wärmen. Wie froh wäre sie früher gewesen, soviel Stroh auf einmal für den Herd zu haben! Doch heute ist das Stroh Symbol für die Passion des Abschiedes von Chengrong, welche auf sie wartet und den ganzen Tag dauern wird. Auf dem Strohbündel vor dem Sarg wird sie sich vor und nach der Beerdigung immer wieder hinknien und verneigen müssen, gefolgt von einer schier endlosen Reihe anderer Leidtragender, welche ihrem Beispiel folgen. Auf den seitlichen Strohballen werden links und rechts nach Geschlechtern getrennt ihre Familienangehörigen kniend verharren, bis der Sarg zugenagelt werden wird. Wenn sie an die Schläge des Hammers denkt, überkommt sie ein Schaudern. Nun kommen die Kinder und die Enkel. Die Herren in schwarzen Anzügen mit einer weißen Blume im Knopfloch. Für die Frauen sind schwarze Hosen und Jacken geschneidert worden, in deren Revers ebenfalls weiße Blumen stecken. Obwohl es

Trauerkleider sind, wirken sie in der Umgebung des Dorfes fast unwirklich elegant. Und das ist es wohl, was in der Absicht Gertrudes gelegen ist: ein gediegener Auftritt der Familie bei einem eindrucksvollen Abschied für den geliebten Mann. Sie will, daß die Verwandten, die nicht zum Begräbnis kommen können – vor allem die in Wien – zumindest nachträglich in das Geschehen eingebunden sind und läßt das weitere Geschehen mit einer Videokamera aufnehmen.

Dann ist es soweit. Die in der Kamera mitlaufende Uhr zeigt 8:05. Rechts vom Sarg haben sich nach ihrem Rang in der Familie die Söhne, Schwiegersöhne und Enkel aufgestellt. Als erster der älteste Sohn Alfred. Auf der linken Seite steht als erste Gertrude, neben ihr die Frau Peters, dann folgen Elisabeth, Trudi, Edith und die Enkelinnen. Die lange Zeremonie nimmt ihren Anfang. Schmal ist das Gesicht Gertrudes. Die Trauer und die vielen vor dem Tod Chengrongs durchwachten Nächte haben das Gesicht bleich und weiß gemacht. Selbst in ihren zusammengepreßten Lippen scheint kein Blut zu sein. Im linken Leuchter des Opfertisches entzündet sie Weihrauchstäbchen, verbeugt sich damit dreimal gegen den Sarg hin und steckt sie dann als erste in ein Metallgefäß vor dem Bild des Verstorbenen. Dann muß sie hinunter aufs Stroh um die drei mal drei im Knien vorgesehenen Verneigungen zu verrichten. Kraftlos ist sie. Beim ersten Kotau muß sie eine Hand ins Stroh drücken, um aufstehen zu können. Beim zweiten Mal benötigt sie beide. Die Söhne sehen das und eilen herbei um sie zu stützen. Beim dritten Kotau wird sie hinunter und herauf liebevoll von den Händen der Söhne geführt. Nochmals blickt sie auf den Sarg, wischt sich mechanisch von den Händen die Spreu des Strohballens und läßt sich auf einen Sessel fallen, von dem aus sie dem weiteren Verlauf beiwohnt.

Jetzt schreiten die beiden Söhne Alfred und Peter zum Tisch und entzünden an dem auf ihrer Seite stehenden

Leuchter die Weihrauchstäbchen. Gleich darauf die Frau Peters und Peters ältester Sohn. Gemeinsam vollziehen sie die vielen Verbeugungen und Kniefälle. Dann folgen die drei Töchter und dann die Schwiegersöhne. Die ersten trockenen Knaller von Feuerwerkskörpern werden hörbar. Gertrude sitzt auf ihrem Stuhl neben einem Pfosten der Halle und blickt mit Augen, die offenbar nicht fassen können, was sie sehen, einmal auf den Sarg vor sich und dann wieder auf die Knienden. Ein Prachtstück von Sarg ist es, den sich nicht viele leisten würden. Riesig, bauchig, glänzend schwarz lackiert und am Kopfende mit einem roten Shou, dem Zeichen für »langes Leben« versehen. Buben kommen, es sind zwei ihrer Enkel, und verneigen sich mit kindlichem Ernst. Bei den mit den emporgeschwungenen Händen rhythmisch vollführten Bewegungen mit den Räucherstäbchen und den Verbeugungen versucht der Kleine vergeblich synchron mit dem Großen zu bleiben. Fünf Enkelinnen kommen, fahren beim Knall der Feuerwerkskörper zusammen. Die beiden links und rechts tragen die Haare kurzgeschnitten, die größte in der Mitte einen modischen Pferdeschwanz. Rechts vom Opferstisch steht ein leerer Sessel, auf dem später der Zeremoniär der Totenriten, der sogenannte »Meister der Unter- und Oberwelt«, Platz nehmen wird.

Jetzt – es ist fast eine Stunde vergangen – folgen die entfernten Verwandten in ihren dunkel- und lichtblauen Jacken. Einige von ihnen tragen schwarze Armbinden. Ein Mädchen trippelt herein und ein kleiner Bub in einem der Armeeuniform nachempfundenen grünen Anzug mit gelben Aufschlägen. Sein Feiertagsgewand ist ihm zum Hineinwachsen gekauft worden. Die Ärmel verdecken die kleinen Hände ganz. Er steht hinter den Knienden und schaut interessiert auf einen kleinen runden Tisch, wo rot eingepacktes Opfergeld liegt. Wie auch bei österreichischen Leichenbegängnissen beginnen sich jene, welche nicht zu den Hauptleidtragenden gehören, immer lauter

3,

nach Hause. Während der Zeit stehe ich daneben, in meinen
Gedanken überdenke ich das ganze Jahr wie viel er mitge-
macht hat, wie geklagt, mich immer noch getröstet,
in meinem Herzen steht die Bitte: der Herrgott schenke ihm
die ewige Ruhe, das ewige Licht leuchte ihm Amen, er ist
getauft, so wie alle unsere Kinder.
Nach der Bitte geht man alle 7 Tage zum Grab, genau
wie oben, aber da wird nur 1 Schale gekochter Reis, 1 Weinglas,
1 p. Brotstäbchen, 4 kleine Teller Essen mitgenommen, man verbeugt sich 3 mal vor dem Grab, alles andere wie das erste
mal. 1te – 3te Woche bringt der Sohn dem Vater das Essen,
die 4te. Woche kommen die Töchter zum Grab, die 5te Woche
wird um Mitternacht im ersten Stock im West Fenster (das
Grab ist nach Westen) an ihm gedacht, da kommen alle
Töchter u. alle Enkelkinder, die Töchter bringen Gold
ze Silber Papier (Geld) Weihrauchstäbchen, Feuerwerkskörper.
Wie es bei der fünften Woche um Mitternacht gemacht wird
davon hab ich keine Ahnung, ich weiss nur so viel. Am
nächsten Tag wird eingeladen, alle Verwandten kommen,
alle die bei dem Begräbnis geholfen haben werden eingeladen, allen dank für Ihre Hilfe, so ist dann alles fertig.
Die Kinder haben mir zu geredet mit Alfred nach

Brief Gertrude Wagners an den Autor

zu unterhalten. Zwei alte Frauen kommen in ihren Arbeitsjacken. Ihr graues Haar ist kurz geschnitten. Sie wissen noch wie man richtig Kotau macht, legen beide Handflächen auf den Boden und berühren mit der Stirne fast die Erde. Von den Frauen, die danach kommen, schauen welche verlegen lächelnd in die Kamera. In etlichen Wellen kommen jetzt immer drei oder vier Frauen. Einige der mitgebrachten Kinder greinen. Drei junge Mädchen erschrecken vor der Kamera. Die Kerzen in den Opferleuchtern sind schon fast halb heruntergebrannt.

Nun kommt der Meister der Unter- und Oberwelt mit dem Seelengeleitbanner, dem »ku sang bang« (wörtlich: Wein- und Trauerstecken) und stellt es neben Alfred. Der wird es später als ältester Sohn dem Sarg nachtragen. Der Meister setzt sich dann auf den Sessel, nachdem er sich am Opfertisch zu schaffen gemacht hat. Nach Art des Sutrabetens der Buddhisten beginnt er mit einem kleinen Holzklöppel rhythmisch auf eine Metallschale zu schlagen. Zuerst kommt ein metallisches »Kling« gefolgt von hohl klingenden hölzernen Schlägen. Er schlägt und murmelt magische Formeln, während die Reihe der Kondolenten nicht abzunehmen scheint. Vier Frauen kommen. Ganz rechts trippelt noch ein ganz kleines Mädchen in grüner Hose und roter Jacke daneben her, das sich redlich bemüht, nachzumachen, was die Großen tun. Der weißhaarigen Alten links wird von einer der Töchter hochgeholfen. Vier Mädchen nähern sich jetzt dem Sarg. Das Klopfen des Zeremoniärs wird langsamer, verstummt und beginnt wieder nach einer kurzen Pause. Jetzt sind es vier junge Burschen, gefolgt von drei Frauen. Ihre Kinder haben die hinten geschlitzten Schnellfeuerhosen an. Wieder vier Burschen, einer davon mit einem dünnen Bärtchen. Dann stapfen zwei alte Männer heran, die umständlich ihre Weihrauchstäbchen anbrennen. Die steifen Gelenke machen ihnen das Niederknien schwer. Von Familienmitgliedern wird ihnen aufgeholfen. Es ist bereits neun Uhr. Links und rechts vom Sarg kauern gebeugt auf beide Hände gestützt die Hauptleidtragenden. Zwei Männer treten heran und dann zwei Frauen. Der Meister der Unter- und Oberwelt klopft unverdrossen und läßt dazwischen wieder ein »Kling« ertönen. Eine Mutter führt ihren Buben, der in einem gelben Pullover steckt, an der Hand und drückt ihn in die Knie. Dabei geht der Schlitz seiner Schnellfeuerhose auf. Stolpernd erfernt er sich wieder an der Hand der Mutter. Die Frau daneben muß ihr in ein weißgestreiftes Kleid gehülltes Mädchen wie eine Puppe halten und für sie die vorgeschriebenen Bewegungen vollführen. Es kann sichtlich noch nicht gehen. Dann rücken wieder zwei Männer heran.

 Die Schwestern stehen jetzt weinend auf und setzen sich neben die Mutter, die sie besorgt anschaut. Dann heften sich die Augen Gertrudes wieder auf den Sarg. Hinter ihrem Kopf hängen die Kranzschleifen mit den von ihr verfaßten Grüßen der Verwandtschaft in Wien. Dem Peter tropft das Tränenwasser von der Nasenspitze herunter. Alfreds Arme hängen wie schicksalsergeben schlaff herunter. In seiner Brusttasche glänzt die Füllfeder des Ingenieurs. Peter hat die Hände vor sich verschränkt und sein Sohn hält sie stramm an der Hosennaht. Zwei Stunden sind vergangen, und mittlerweile weinen auch die Schwiegersöhne. Zwei Männer kommen einzeln und dann drei Frauen. An die Verwandtschaft schließt nun die lange Reihe der Bekannten an. Männer und Frauen kommen getrennt, machen ein, zwei oder drei Verbeugungen im Stehen. Bauern mit vom Wetter gegerbten Gesichtern sieht man und besser Gekleidete, denen man die Kaderfunktion an den angesteckten Füllfedern ablesen kann. Bis diese lange Reihe vorbei ist, wird es 12 Uhr. Nun entfernt man die Kränze beim Sarg und bildet mit ihnen ein Spalier in Richtung Ausgang des Gehöftes. Papierlaternen mit dem Namen »Du« werden in Position gebracht. Einige Männer kommen, um den Sargdeckel zu heben. In einem eng gezogenen Kreis bewegen sich die Hauptleidtragenden um den offenen Sarg. Gertrude nimmt wie in Trance die Spitze. Viele der Kinder und Schwiegerkinder weinen laut. Aus einer geflochtenen Getreideschaufel schüttet der Zeremoniär Erde in die Hände der Familie. Dann streut er murmelnd Erde auf den Boden des Sarges. Ein lautes rituelles Wehklagen bricht aus. Zu traditionellen Totengesängen wird nochmals Weihrauch verbrannt. Den Söhnen wird vom Meister ein Becher mit Schnaps zum Mund geführt. Ein weißes Tuch wird über den Unterteil des Sarges gebreitet. Mit Papiergeld auf den Handflächen heben die Familienmitglieder die Leiche, deren Haupt mit Tüchern verhüllt ist, in den Sarg. Wie es die Sitte gebietet, faßt Alfred am Kopfende mit an. Gertrude hört Hühner gackern und nimmt wahr, daß jemand die Kerzen in den Totenlaternen entzündet hat. Papiergeld und Blumen werden auf den Kopf des Toten gelegt. Dann wird das weiße Tuch zugeschlagen und roter Stoff unter rituellem Klagegeschrei daraufgelegt. Tücher aus roter Seide zieht der Meister unter Beschwörungen dreimal hinter sich durch, bevor er sie in den Sarg legt. Die Dörfler schauen interessiert zu. Einer davon schmaucht sein Pfeifchen. Dann kommt das, wovor sich Gertrude die ganze Zeit gefürchtet hat, die endgültige Trennung. Der Deckel wird geschlossen und mit Nägeln befestigt. Die Hammerschläge dröhnen in den Ohren Gertrudes, zerreißen ihr das Herz, und es beginnt ihr vor den Augen zu schwimmen... Doch sie muß sich zusammennehmen. Sie erkennt wieder klar, daß Alfred das Seelengeleitbanner überreicht bekommt. Der Meister läutet mit einer Glocke. Dann erhält Gertrude als erste der weiblichen Hinterbliebenen Wein aus einer Kanne eingeschenkt, den sie auf den Sarg schütten muß. Ihre Töchter, die Schwiegertochter und die Enkelinnen folgen ihrem Beispiel. Ein rundes, flaches Gefäß, in dem einige Kerzen brennen, wird nun vom Sarg entfernt. Dann wird er durch die Gasse der Kränze aus dem Gehöft hinausgetragen. Der Meister der Unter- und Oberwelt weist den Weg. Totenlaternen mit dem Zeichen Du werden vorangetragen. Dann folgt Alfred mit dem Seelengeleitbanner. Darauf steht: »Seelengeleitbanner des Bürgers der Volksrepublik China Du Chengrong«, seine Daten und die Anrufung seiner Seelen.

Träger von blauen, schwarz geränderten Fahnen kommen. Dahinter schreitet einer mit der großen Bambusstange, die im Hof aufgepflanzt war. Die Lampions, ganz unten ein kleiner roter, baumeln im Wind. Dann schleppen in einem Tragegestell von zwei langen Stämmen je zwei Männer mit Strohhüten auf dem Kopf den Sarg. Draußen formiert sich der Zug neu. Der Sarg wird nun vorangetragen, gefolgt von Gertrude und Alfred mit dem »kusangbang«. Von denen, die dann mitgehen, werden Stoffe mit Trauerschleifen getragen, Kinder und Räucherstäbchen. Von der kleinen Gasse, wo der Hof der Dus steht, bis aufs freie Feld ist der Weg nicht lang. Trommeln und Tschinellen begleiten die Schritte der Trauernden. Dus Töchter haben ihre Haare kapuzenartig schwarz eingebunden. Knallkörper explodieren und werfen ihre Echos an die Wände der altersgrauen Steinhäuser. Grundmelodie aber bleibt die Trauermusik, die während des ganzen Tages in endlosen Wiederholungen erklungen ist. Das Tonbandgerät wird im Leichenzug mitgetragen. Vor dem Dorf hält man inne, um den übrigen die Gelegenheit zu geben, aufzuschließen. Weiter geht es über schmale Stege vorbei am frischen Grün der Reisschößlinge. Gongs werden geschlagen, als man am Teich vorbeikommt, an dessen Ufer Gertrude so viele Jahre mit dem ortsüblichen schweren hölzernen Wäscheklopfer die Wäsche Chengrongs gesäubert hat, Kränze werden dem Sarg nachgetragen, Alfred trägt das Banner und eine Totenlaterne. Die andere Laterne hält Peter. Im Gänsemarsch windet sich der Zug immer höher über die Reisfelder. Schließlich – die Mittagssonne steht hoch am

Himmel – nachdem sich die Träger um eine enge Wegbiegung gemüht haben, kommen aufgeschichtete Ziegel in Sicht. Es wird laut gegongt. Gertrude wischt sich den Schweiß von der Stirne. Chengrong hat sich immer Sorgen gemacht, daß sie in seiner Heimat die Hitze nicht ertragen könnte, immer darauf bestanden, daß sie sich schont und das Feuermachen ihm überläßt... Nun kann er ihr nicht mehr helfen.

Die Träger fächeln sich mit ihren Strohhüten Kühlung zu. Das Seelenbanner wird über dem Grab in den Hang gesteckt und bauscht sich im Wind. Ein großer Schmetterling fliegt beim Sarg vorbei. In der Geschichte von Liang Shanbo und Zhu Yingtai streben am Grab Liang Shanbos beide Liebende in der Gestalt von Schmetterlingen dem Himmel zu. Es ist eine Yue, eine Oper mit südlicher Musik, die Gertrude gerne hört. Warum nur muß sie ihren Weg alleine weiter gehen?

In der Zwischenzeit ist auch der schlanke Bambus mit den Trauerlampions zu Häupten des Grabes in die Erde gesteckt worden. Nun fassen sich die Hauptleidtragenden an den Händen und weichen zurück, sodaß sie den größtmöglichen Kreis bilden. Damit umgrenzen sie das Territorium, welches der im Grab verweilenden Seele in Zukunft zur Verfügung steht. Dann heben sie gemeinsam die Hände hoch, und einige rufen »Oh«, die meisten anderen »you« – »Er hat.« Das heißt, der Verstorbene hat das ihm zugewiesene Land in Besitz genommen.

Alfred wird nun zum Grab geführt. Dort liegen hintereinander drei Ziegelsteine. Auf jedem der drei Steine schwenkt er dreimal mit Weihrauchstäbchen in der Hand die Laterne Richtung Sarg und dann dreimal zum Grab gewendet. Zwei Helfer fassen ihn dann bei den Händen und ziehen ihn auf den Hügel über dem Grab. Dann ist Peter an der Reihe. Die Ziegel werden weggeschafft. Das Grab ist noch zu mauern. Gertrude weint leise und hält sich bei dem, was jetzt geschieht mehr im Hintergrund.

Aus einem Korb werden ihr und den Kindern Samen in die Hände geworfen. Der Zeremonienmeister wirft auch einiges davon auf den Boden neben den Sarg. Nun wird eine Seele des Toten in die mitgebrachte hölzerne Seelentafel gerufen. Gertrude faltet die Hände und betet.

Unter Gongschlägen setzt sich der Zug mit den Fahnen- und Lampionträgern an der Spitze wieder in Bewegung. Weihrauchstäbchen werden ausgeteilt. Im Hof des Trauerhauses wird der Bambus mit den Lampions wieder in die Erde gerammt. Gertrude kommt mit ihren Kindern in die Mittelhalle. Es ist 13:30. Das auf dem Opfertisch stehende Seelentäfelchen ist zu verehren. Es trägt die Aufschrift: »Seelentafel des Bürgers der Volksrepublik China Du Chengrong«, sowie die Namen der Kinder, welche die Tafel gewidmet haben.

Am Tisch brennen nun rote Opferkerzen und die Totenlaternen mit dem Zeichen für »Du«. Daneben finden sich Schälchen mit Opferspeisen. Konfuzius hat über die Bedeutung der Ahnenopfer gesagt:

»Wenn im Frühling und Herbst die Opfer für die Heimgegangenen nicht unterbrochen werden, so bewirkt das eine Gesinnung der Ehrerbietung. Das Opfer bewirkt den Weg zur Ernährung und Pflege der Eltern.«

Das Zeremoniell des Vormittags wiederholt sich in seiner gesamten Strenge und Länge nochmals – Verneigungen, Kniefälle in der früheren Reihenfolge. Gertrude ist wieder die erste, und ihr Gesicht ist vom Leid gezeichnet. Die Frauen, die nun herantreten, tragen rote Stoffblumen im Haar. Eine halbe Stunde später wird unter Gongschlägen über dem Seelentäfelchen das Bild Du Chengrongs aufgehängt. Die Tradition gebietet nun die Trauergäste zu einem »Zhangmingfu«, einem »Langes-Leben Essen« einzuladen, auch Doufuessen genannt, weil dabei Doufu in verschiedenen Formen serviert wird. In der Zwischenzeit haben die Totengräber Zeit, das Grab zu mauern und den Stein zu setzen. Kurz vor der Abenddämmerung findet sich Gertrude wieder bei Chengrongs Grab ein, um das herum die Kränze aufgestellt worden sind. Jetzt hat sie nur mehr die eigene Familie um sich. Doch selbst dort, wo man unter sich ist, ist die Form zu wahren, und die Dus beziehen nach Protokoll Position. Links stehen die Frauen und rechts die Männer. Der Wind pfeift. Stumm blickt Gertrude auf den flüchtigen Rauch ihrer Räucherstäbchen.

Sie weiß, daß man dem Brauch gemäß die Seele, welche im Grab wohnt, am Anfang nicht lange alleine lassen darf. Schon am dritten Tag nach der Beerdigung geht sie wieder zum Grab, um die Seele mit Nahrung zu versorgen und die bösen Geister wegzuscheuchen. Zehn Schalen mit Wein trägt Alfred, zehn mit gekochtem Reis, zehn Paar Eßstäbchen, vier Teller mit Fleisch, Fisch, Bohnenkäse und Gemüse, die ohne Gewürze zubereitet sind. Sie stellt das alles vor Chengrongs Grab, entzündet das Grablicht und die Weihrauchstäbchen und verneigt sich dann in alle vier Himmelsrichtungen. Etwas von dem Wein ist auszukippen und etwas von den Speisen und nochmals drei Verbeugungen. Das muß sie noch zweimal wiederholen bevor sie Papiergeld anzündet und zehn Feuerwerkskörper abbrennt. Nach nochmaligen drei Verbeugungen gibt sie den Rest der Opfergaben in einen Korb. Sie blickt auf den Grabstein und denkt daran, wie tapfer Chengrong seine Krankheit auf sich genommen hat und dabei noch immer Kraft gefunden hat, sie zu trösten. Umgeben von den Symbolen anderer religiöser Vorstellungen bittet Gertrud ihren Herrgott: »Schenke ihm die ewige Ruhe, das ewige Licht leuchte ihm, amen. Er ist doch getauft wie alle unsere Kinder!«

Alle sieben Tage geht sie nun zum Grab, begleitet von Alfred, der während der ersten drei Wochen die Speiseopfer zu bringen hat. In der vierten Woche gehen – nach dem Brauch – die Töchter, und in der fünften Woche wird um Mitternacht an dem Fenster der Wohnung, das zum

Grab blickt, eine Zeremonie mit Papiergeld, Weihrauch und Knallkörpern abgehalten. Doch Gertrude ist nicht mehr dabei.

Alfred weiß, daß der Aufenthalt in jenen vier Wänden, wo seine Mutter jahrzehntelang mit seinem Vater Freud und Leid geteilt hat, so kurz nach dem Begräbnis unerträglich ist. Daher nimmt er sie für einige Monate zu sich. Später wird Gertrude sogar vermeiden, den kleinen Pfad zu gehen, auf dem sie immer gemeinsam mit Chengrong zu Trudis Haus gegangen ist. Umso schwerer ist es für sie, Gegenstände zu sehen und zu berühren, die nunmehr sie allein sehen und gebrauchen soll. Vor zehn Jahren war es eine gemeinsame und daher glückliche Fahrt, die sie nach Kunming geführt hat. Nun soll Kunming ihren großen Schmerz dämpfen.

DER RUF DES WIENER BÜRGERMEISTERS

In Wien hat die Österreichisch-Chinesische Gesellschaft über den mit auswärtigen Beziehungen betrauten Dr. Scholz den Wiener Bürgermeister Dr. Zilk über das Schicksal Frau Wagners informiert. Dr. Zilk zeigt sich tief beeindruckt und stimmt bereitwillig dem Vorschlag zu, Gertrude Wagner und eine Begleitperson für einige Monate nach Wien einzuladen. Auf Umwegen erreicht sie ein Schreiben des Verfassers, das sie von Kunming am 20. 7. 1990 beantwortet:

»... Ihr Schreiben hat mich sehr aufgeregt, konnte vor Freude gar nicht einschlafen, ... Nur schade, daß es mein Mann nicht erlebt hat, wie sehr würde es ihn freuen, mit mir in die Heimat zu fahren ... Das Herz klopft mir wie verrückt bei dem Gedanken, die Brüder, die Heimat wiederzusehen. Ich bin doch schon eine ganze Chinesin, ob ich mich in der Heimat wohl zurechtfinden werde? Anbei einige Zeilen an den Herrn Bürgermeister, mit der Bitte, sie ihm zu übergeben.«

Das Schreiben an Dr. Zilk schließt mit folgenden Sätzen:

»... Es ist wie ein Traum und doch ist es wahr, ich soll noch einmal meine Heimat sehen, meine Brüder, wieder mal atmen Wiener Luft, ich bin doch ein Glückskind, von ganzem Herzen sage ich Ihnen Dank. Sie haben mir eine so große Freude bereitet!

Vielen herzlichen Dank!

Ihre Gertrude Du«

Ende Oktober ist es dann so weit. Gertrude trifft mit ihrer Tochter Elisabeth auf dem Wiener Flughafen ein. Nach den vielen Umarmungen mit der Wiener Verwandtschaft geht es in die Zilk-Stiftungswohnung am Bauernmarkt, von wo sie direkt auf den Stephansdom blickt. Die Wohnung besteht aus mehreren Zimmerfluchten. Gertrude sitzt und schläft auf Thonetmöbeln und ist von

Plastiken und Bildern berühmter österreichischer Künstler umgeben. Geht sie hinaus auf die Straßen des ersten Bezirks, so sieht sie funkelnde Auslagen mit dem üppigen Angebot der Vorweihnachtszeit. Doch sie ist von dem Glanz, welcher ihrem Wien der dreißiger Jahre gar nicht ähnelt, weder erschlagen noch besonders positiv beeindruckt. Der Weihnachtsrummel gefällt ihr nicht. Sie hat den Eindruck, die Kinder könnten, was sie bekommen, gar nicht mehr so recht schätzen.

Allein findet Gertrude ihren Weg zu dem Kurzwarengeschäft auf der Landstraßer Hauptstraße, wo sie mehrere Jahre lang gearbeitet hat. Man ist damals mit ihr zufrieden gewesen und hat ihr am 31. März 1934 nach der von ihr wegen Chengrong erwirkten Kündigung mit Bedauern folgendes Zeugnis ausgestellt:

»Zeugnis

für Fräulein Gertrude Wagner, geb. 17. XII. 1916, welche von 15. Juli 1930 bis zum heutigen Tage in unserer Filiale III, Landstraße 4 zuerst als Lehrmädchen und später als Verkäuferin in unseren Diensten stand.

Fräulein Wagner erwarb sich während dieses Zeitraumes durch Treue, Fleiß, Pünktlichkeit und Ehrlichkeit unsere vollste Zufriedenheit, sie zeigt sich gut verwendbar und anstellig.

Wir können Fräulein Wagner jedermann bestens empfehlen.

Infolge notwendig gewordener Abbaumaßnahmen waren wir gezwungen Fräulein Wagner ihre Stellung in unserm Hause zu kündigen und wünschen wir ihr für die Zukunft das Beste

Tapisserie & Kurzwaren

Vertriebsgesellschaft m.b.H.«

Die Zukunft hat Gertrude nach China und erst nach 56 Jahren zurückgebracht. Doch sie erlebt das neue Wien mit erstaunlicher Gelassenheit. Bestimmte technische Errungenschaften der modernen Zeit sind ihr mehr Last als

Annehmlichkeit. Sie ist der Wiener Küche entwöhnt, doch kann sie auf dem hochmodernen Elektroherd nichts Chinesisches kochen. Ihrer daheim funktioniert immer noch mit Stroh und Maisstengeln. Die moderne Zentralheizung verhindert zwar, daß sie, wie sonst, im Winter Frostbeulen bekommt, doch verkühlt sich Getrude immer wieder, weil sie warme Räume nicht gewöhnt ist.

Die alte Wohnung neben der Marokkanerkaseren sucht sie mit Hilfe der damaligen Generalsekretärin der Österreichisch-Chinesischen Gesellschaft Else Unterrieder, welche diesen Besuch folgendermaßen im Gedächtnis behält.

»Ihre Schritte wurden so schnell, daß man kaum folgen konnte. Sie ignorierte auch zunächst die Ampeln – ›Wo sind denn all die Polizisten geblieben?!‹ – Ja, sechsundfünfzig Jahre sind eine lange Zeit. Aber die Fenster zu Mutters Zimmer erkannte sie gleich. Die Haustür, damals aus kugelsicherem Stahl, ist einer normalen Tür gewichen. Sie wagt kaum, den Hausflur zu betreten. Der alte Lift existiert noch, der kleine Hof, das Fenster zur Küche. ›Wollen wir anläuten?‹ ›Nein, das geht doch nicht!‹ erwidert sie, und doch wird sie noch aufgeregter als vorher. Alles geht, nur mit der Verständigung hapert es etwas, weil die junge Jugoslawin, die öffnet, kaum deutsch versteht. Aber langsam begreift sie und läßt uns ein. Ja, alles sieht anders aus, nur die alte Spüle in der Küche ist noch dieselbe.«

Was hat sie, nach so langer Zeit, beim Betreten der Wohnung empfunden? fragt man sie später.

»Ich habe mir vorgestellt, wie Mutter damals hinter der Tür lag, bewußtlos. Walter hatte mir davon geschrieben. Er läutete, aber die Mutter öffnete nicht. Er hatte den Schlüssel vergessen und vom Telefonhüttel vor dem Haus (es steht noch da, nur ist es nicht mehr hölzern, wie damals) Otto angerufen. Dann haben sie langsam die Tür aufbekommen und die bewußtlose Mutter aufs Bett gelegt – sie wog damals 95 Kilo. Dann kam sie ins Spital.«

Nach einigen Tagen geht Gertrude aufs Grab der Eltern, liest auf dem Grabstein den Namen der lieben Mutter, die sie ohne daran schuld zu sein, durch die Trennung bis zum Tod, so sehr enttäuschen mußte. Über die politischen Umstände in China, welche dafür verantwortlich waren, schweigt sie sich gegenüber ihrer Familie aus. »Es war schwer«, erwidert sie auf solche Fragen, »aber das Wichtigste ist der Zusammenhalt der Familie.«

Aber sonst plaudert sie recht gerne über ihre Zeit in China, wenn sie von den Geschwistern danach gefragt wird, erzählt von ihren Fauxpas beim Hochzeitsessen, von der Sensation, die sie in Hucang durch das Schwimmen im Dorfteich ausgelöst hat, von den Spaziergängen mit ihrem Ehemann. Traumatisch haben sich in ihrem Gedächtnis die japanischen Fliegerangriffe und das Kauern in den Erdhöhlen ausgewirkt.

Die Brüder fahren sie auf den Kahlenberg und den Leopoldsberg, und sie genießt das lange entbehrte Panorama von Wien. Zum Erstaunen der Geschwister kann sie sich nach 56 Jahren recht gut orientieren, weiß von oben zu sagen, wo der Steffel ist, die Karlskirche, ihr geliebter Eislaufverein, das Parlament und das Rathaus. Dort wird sie bald nach ihrer Ankunft von Bürgermeister Dr. Zilk empfangen. Zögernd betritt sie sein riesiges Amtszimmer. Ihr bewundernder Blick fällt auf die großen Blumenarrangements, dann werden sie und Elisabeth gebeten, auf einer Sitzgarnitur Platz zu nehmen. Dr. Zilk kommt herein, begrüßt die beiden herzlich und möchte mehr über ihre Lebensumstände wissen. Dr. Zilk hat seine kantigen aber auch ganz weichen Seiten und während Gertrude erzählt, wischt er sich mehrmals die Tränen aus den Augen. Der Bürgermeister erkundigt sich danach, wie Gertrude Weihnachten verbringen wird und fragt dann, ob sie Lust hätte, dazubleiben. Darauf antwortet Gertrude, Wien sei ihre Geburtsstadt, aber sie habe nach China geheiratet und daher sei jetzt dieses Land ihre Heimat. Sie werde nach China zurückgehen, wo ihre Kinder auf sie warten. Das Stadtoberhaupt erinnert sie noch an seine Einladung zum Neujahrskonzert und überreicht Seidenschals mit Klimtmuster. Gertrude bedankt sich mit einer der berühmten Holzbildhauerarbeiten aus Dongyang. Dann tritt sie hinaus in den Trubel des Christkindlmarktes vor dem Rathaus.

Die Adventzeit erinnert sie natürlich auch an ihre Zeit bei den Erdberger Schulschwestern. An die Krippe mit dem Jesuskind, die Mal- und Laubsägearbeiten und die Zierpölster, die sie dort vor Weihnachten angefertigt hat. In der Erdbergstraße Nr. 26 trifft sie Schwester Clementine, welche damals ebenfalls die Schule besucht hat. Schwester Clementine stellt ihr dieselbe Frage wie der Wiener Bürgermeister, ob sie denn nicht hierbleiben wolle. Die Antwort darauf beeindruckt die Schwester so sehr, daß sie diese in der von ihr redigierten Jahresschrift des Absolventenverbandes abdruckt: »Nein, ich fahre zurück. Denn wissen Sie: Wien ist schön. Und ich danke dem Herrgott, daß ich noch einmal hier sein durfte. Aber meine Heimat ist China. Dort sind meine Kinder und Enkel.«

Den Weihnachtsabend verbringen Gertrude und Elisabeth bei Bruder Walter, den sie einst nach seiner Frühgeburt in Watte verpackt gewärmt hat. Zum Christtag ist sie bei Otto, dem Jüngsten. Ottos Frau verfügt über einen reichlich ausgestatteten Bücherschrank und Gertrude »verschlingt« viel davon, vor allem Biographien von Künstlern, die sie noch gekannt hat. Eine besondere Freude hat sie mit Videos von alten Filmen, in denen Hans Moser oder Paul Hörbiger zu sehen sind. An amerikanischen Filmen findet sie hingegen keinen Gefallen. Sie liebt das Leise. Deshalb steht sie lange am Ufer des zugefrorenen Neusiedler Sees, schaut den lautlos dahingleitenden Schlittschuhläufern zu, die sie an die Breughelbilder im Kunsthistorischen Museum erinnern. Auch dort kann sie lange stehenbleiben und sich vor allem in die Landschafts-

Mit dem Wiener Bürgermeister Dr. Helmut Zilk und
Tochter Elisabeth

Frau Du Wagner mit dem stv. Bundesratspräsidenten
Walter Strutzenberger (rechts) und dem Gesundheits-
minister Dr. Michael Ausserwinkler (ganz links)
am Westsee in Hangzhou

bilder versenken. Natürlich sieht sie sich im Belvedere die Bilder von Waldmüller an, die Bäume der Prateraun, wohin es von ihrer Erdberger Wohnung nicht weit war oder den »Frohnleichnamsmorgen«, wo der Maler einige herausgeputzte Kinder zeigt und andere, die weinend im Schatten dieses Festes stehen. Im Schatten zu stehen... – für Gertrude ist es die Erfahrung vieler Jahrzehnte.

Umso schöner ist es für sie am ersten Januar mit ihrer Tochter im Musikverein auf Prominentensitzen Platz zu nehmen, für welche so mancher japanische Urlaubsgast zehn Jahresgehälter eines chinesischen Arbeiters bieten würde. Das Neujahrskonzert der Wiener Philharmoniker, dem sie sonst mit einigen hundert Millionen ihrer chinesischen Landsleute per Fernsehen beiwohnt, spielt sich nun wahrhaftig vor ihren Augen ab. Gertrude nimmt die Klänge aus dem prunkvollen berühmten Goldenen Saal in ihr schlichtes altes Bauernhaus nach China mit, in dem die Kinder für sie eine Überraschung vorbereitet haben.

»Sehr geehrter Herr Dr. Kaminski, seit einem Monat wieder in China, die Zeit vergeht so schnell, habe die Neujahrstage mit den Kindern und Enkelkindern verbracht. In meiner Abwesenheit haben die Kinder einen Gasofen für mich gekauft (2 Flammen), die Küche frisch gemacht, den Fußboden mit Beton (statt früher mit gestampftem Lehm – Anm. d. A.), die Küche sieht jetzt viel besser aus, ist sehr bequem.«

Weitere Kontakte mit Österreich bleiben nicht aus. Im Frühjahr 1991 holt, auf Bitte der Bundesratspräsidentin Anna Elisabeth Haselbach, die Provinzregierung von Zhejiang Gertrude zum Festbankett der Delegation. Auch die Presse nimmt von Frau Wagner Notiz, und sie beginnt viel Post zu erhalten, darunter auch den Brief von Hwang Tungsen, eines Wiener Jahreskollegen ihres Mannes. Im Februar 1992 wird Gertrude mit den Töchtern Elisabeth und Trude in die österreichische Botschaft nach Peking eingeladen. Botschafter Dr. Bukowski gibt ein Bankett.

»Am 20. abends hat der Herr Botschafter ein schönes Fest gegeben, mir eine goldene Medaille überreicht, da sieht man, welch große Ehre es für mich ist ... Der Herr Botschafter hat angeordnet, daß wir abends immer eine Nachspeise, eine Torte bekommen, jeden Tag frisches Obst ... In der Botschaft haben wir von den chinesischen Angestellten so viel Gutes über Dr. Bukowski gehört, jeder ist voll Lob und Hochachtung für ihn. ... Wir werden die Woche, die wir in der Botschaft verbringen durften, sowie den Aufenthalt im schönen Wien immer in Erinnerung behalten....«

Im darauffolgenden Jahr ist es der stellvertretende Vorsitzende des Bundesrates, Walter Strutzenberger, welcher die chinesischen Gastgeber ersucht, beim Bankett in Hangzhou Frau Wagner miteinzubeziehen. »Schön war es, habe nette Menschen kennengelernt«, schreibt sie später. Was ihr nach wie vor kleine Annehmlichkeiten des Lebens bedeuten können, die in Österreich, aber auch schon vielerorts in China eine Selbstverständlichkeit sind, zeigt ein Brief vom 9. Februar 1993:

»Ich habe mir eine kleine elektrische Heizsonne gekauft, so habe ich heuer keine gefrorenen Hände und Füße.«

Im September schreibt sie dem Autor einen Brief, der einen Einblick in ihren Alltag gewährt.

»Habe über den Sommer in der Stadt bei meinen zwei Töchtern gewohnt, so auf Wunsch der Töchter das Mondfest noch mit ihnen verbracht... Dann nach Hause, hier ist die letzte Ernte und da helfe ich beim Trocknen der Ernte, koche für sie das Mittagessen. Hucang hat gute Luft. Ich gehe jeden Tag eine Stunde spazieren, mache meine Hausarbeit, höre Musik und lese. Ihr Buch ›Wir sind das Abendland‹ ist sehr interessant und lehrreich.... Seit ich wieder zu Hause bin, bin ich viel allein. Es ist immer eine große Freude, wenn eins der Enkelkinder mich besucht, wenn Post von Alfred kommt. Obwohl schon über 3 Jahre vergangen sind, daß Tzen Yun (Chengrong) mich verlassen hat, gibt es Tage, da fällt mir die Leere schmerzlich aufs Herz. ... In der Stadt hat sich viel verändert, überall wird gebaut, die Straßen breiter gemacht. In viele Unternehmen wird von Taiwan, Hongkong Kapital investiert, die neuen Hotels alle mit kongtiao (Klimaanlage). Sehr viel Wohnungen in der Stadt haben Telephon, einige schon mit kongtiao. Die Fortschritte sind sehr schnell. In unserem Dorf wurde auch viel gebaut, nach dem Süden lauter neue Wohnhäuser. Ich schließe meine Zeilen und wünsche Ihnen und Ihrer Familie Gesundheit und Wohlergehen...«

Um diese Zeit werden an Gertrude erste Pläne einer Fernsehdokumentation von chinesischer Seite herangetragen, doch Gertrude ist nicht erbaut davon. »Was den Film belangt, ich habe hier abgesagt, das Gleiche sage ich auch Ihnen. Ich stehe nicht gerne im Rampenlicht.«

EINE ÖSTERREICHERIN ALS FACKELTRÄGERIN FÜR CHINESISCHE GATTEN- UND MUSTERLIEBE

Nach vielem Zureden läßt sich Gertrude schließlich doch überreden, für eine Fernsehdokumentation zur Verfügung zu stehen. Dem Autor gelingt es, eine Kooperation zwischen dem ORF und dem Provinzfernsehen von Zhejiang herbeizuführen. Im Frühjahr 1995 fährt Christian Schüller, begleitet vom langjährigen Pekinger Korrespondenten des ORF, Dr. Helmut Opletal, nach Hucang. Das Team der chinesischen Seite setzt sich aus der Regisseurin Shen Weiqin und dem Kameramann Pan Liping zusammen. Das Produkt dieser Kooperation erregt in beiden Ländern großes Aufsehen. Der österreichische Beitrag wird am 20. 6. 1995 in der Reihe »Am Schauplatz« gesendet. Am Anfang fragt man Gertrude über die Anfänge im chinesischen Dorf, und sie spricht offener, als sie es noch vor einigen Jahren getan hätte. Alles hätten sie verkauft, auch Kleider und Mäntel, alles was man zu Geld machen konnte. Sonst hätten sie nicht überlebt. Später habe sie dann fürs Überleben mit Hasen und den Eiern ihrer Hühner gehandelt. Trotzdem, sie habe nichts zu bereuen. Ihr Mann sei sehr gut zu ihr gewesen.

Die langjährige Diskriminierung der Familie wird aus den Gesprächen deutlich, welche Dr. Helmut Opletal mit anderen Dorfbewohnern führt. »Die Fremde« wird sie von denen genannt, die er im Pensionistenklub des Dorfes beim Majongspielen antrifft. Früher sei sie immer mit ihrem Ehemann täglich spazieren gegangen und ansonsten in ihrem Hof geblieben. Jetzt ginge sie alleine spazieren, lebe aber nach wie vor zurückgezogen. Doch da meldet sich einer zu Wort, der eine Korrektur anzubringen hat, die zeigt, daß neue Trends auch vor Hucang nicht Halt gemacht haben. Gewiß, so meint er, als beide händchenhaltend miteinander durchs Dorf gingen, sei das früher ungewohnt gewesen. Doch jetzt sehe man so etwas im Fernsehen und im Kino und es sei daher nicht mehr ungewöhnlich. Das gelte auch für die Morgengymnastik, welche die beiden früher alleine betrieben hätten. Heute machten das viele.

Anschließend erzählt Gertrude von ihrer Romanze mit Chengrong. Sie erwähnt auch den Schein, auf dem eine zweijährige Aufsicht durch die Massen vorgesehen war, welche dann dreißig Jahre lang gedauert hat. Die Regierung habe während der Kulturrevolution erklärt, sie sei Ausländerin. Sie fühle sich nicht als solche, doch sei das vielleicht gut gewesen, denn ohne ausländische Ehefrau hätte man ihren Chengrong wahrscheinlich erschossen.

Schüller/Opletal zeigen dann die harte Arbeit im Dorf, die um fünf Uhr beginnt und oft erst um Mitternacht endet. Anschließend erfolgt ein Besuch bei Elisabeth in Dongyang. Sie erzählt, wie der Vater in Shanglu, dem Sitz der Kommuneleitung, während der Kulturrevolution oft auf eine Schaubühne gestellt worden sei. Als er lange Zeit nicht nach Hause gekommen war, hätten sie und Peter nach ihm in Shanglu gesehen. Der Vater habe ihnen von der Tribüne herunter zugerufen, sie mögen die Mutter trösten und ihr sagen, daß er am nächsten Tag heimkäme.

Auch Peter hat über die Verfolgung seines Vaters zu berichten, die verhindert hat, daß er trotz bestandener Aufnahmeprüfung in die Lehrerbildungsanstalt aufgenommen worden ist. So sei ihm nichts anderes übriggeblieben, als Bauer zu werden und sich zusätzlich als Saisonarbeiter zu verdingen.

Die neuen Straßen und die von den schönen alten Holzhäusern sehr verschiedenen Neubauten erregen die Aufmerksamkeit des österreichischen Teams ebenso wie der Umstand, daß es der Gemischtwarenhändler ist, welcher den Dorfvorsteher macht. Der erklärt dann auch, daß es nach der Maxime der Regierung in Ordnung sei, wenn einige früher reich würden als andere.

Ein Produkt der neuen Toleranz ist auch der Wunderheiler, der sich gleich neben dem Haus Gertrudes angesiedelt hat. Vor seiner »Ordination« brennen auf einem Holzgestell zahllose rote Opferkerzen. Vor dem Eingang und drinnen im Haus drängen sich viele Frauen verschiedenen Alters. Der junge Medizinstudent gibt an, der Geist von Lü Dongbin fahre in ihn und helfe ihm, die Patienten von Krankheiten, aber auch von anderen Übeln zu befreien. Es bereitet Spaß, daran zu denken, daß Lü Dongbin, der große Krieger, welcher Schutzheiliger der Yihetuan (Boxerbewegung) gewesen ist, ausgerechnet in diesem Milchbart Wohnung nehmen soll. Einer jungen Frau, welcher dreimal das Haus abgebrannt ist, rät er, das Bett nach Osten zu verlegen.

Dann wechselt die Kameraeinstellung zu Wu Shengying, Lehrer an der Dorfschule, und Wu Wenxing, Englischstudentin, beide Enkel Gertrudes. Der Lehrer malt gerne – so wie seine Großmutter – und interessiert sich für Computer. Er will höher hinaus. Das gilt auch für die Englischstudentin. Auf die Frage, ob sie sich auch so wie ihre Großmutter in jungen Jahren verlieben könnte, antwortet sie, sie wisse noch nicht, was Liebe sei. Jetzt müsse sie einmal fleißig studieren. Der Kommentar, den Schüller/Opletal anschließen, das Minus der Vergangenheit Gertrudes und Chengrongs für ihre Kinder könne sich als Plus für deren Enkel erweisen, hat sicherlich Berechtigung. Der Film schließt mit einem Besuch beim Grab Chengrongs.

Das österreichische Fernsehpublikum zeigte sich von diesem 45minütigen Film stark berührt. »Am Schauplatz« erhält auf diese Dokumentation die meisten Publikumsreaktionen des Jahres 1995. So entschließt sich die Redaktion, zu Silvester 1995 einen Teil des Filmes zu wiederholen, verbunden mit einem Kurzbericht über den Wienbesuch Gertrude Wagners mit dem Team des Zhejiang Fernsehens im Sommer des Jahres.

Die Schwerpunkte der von dem Zhejiang Fernsehen gedrehten Version sind naturgemäß andere als beim ORF. Ihre Dokumentation ist länger und schließt Dreharbeiten in Wien ein. Diesmal dauert der Aufenthalt nicht einmal 3 Wochen, doch er findet in einer freundlicheren Jahreszeit statt. Gertrude sieht zum ersten Mal in ihrem Leben Salzburg und ist von der Mozartstadt begeistert. »Es ist wie eine Gottesgabe, dieser Monat, sommerliche Tage mit so viel Liebe und Licht, die Erinnerung wird in meinem Herzen immer bestehen.«

Mit dem Team des Zhejiang Fernsehens hat sie sich angefreundet und wünscht ihm ehrlichen Herzens viel Erfolg. Und der Erfolg bleibt nicht aus. Im September 1995 stattet der österreichische Bundespräsident, Dr. Thomas Klestil, China einen offiziellen Staatsbesuch ab. Am ersten Abend seines Besuches wird vom zentralen chinesischen Fernsehen die einstündige Dokumentation »Verheiratet nach China« ausgestrahlt und erregt im ganzen Land unerhörtes Aufsehen. Der Film beginnt mit den Klängen des Donauwalzers und zeigt dann Wiener Denkmäler und Architektur wie auch die für China »exotische« Klosterschule in Wien Erdberg. Dann sieht man Gertrude, wie sie im Dorfteich Gemüse wäscht. Es folgt eine Erklärung über Hucang, und dann kommt ein Schwenk in das Innere ihres alten Hauses. Gertrude legt Äpfel in eine große Schale. Aus ihrem Recorder tönen Arien aus dem »Land des Lächelns«. Abgelöst wird diese Szene von historischen Aufnahmen vom Training der chinesischen Polizisten in Wien. Gertrude erzählt die uns schon bekannte Geschichte vom Eislaufen, bei dem sie Chengrong kennengelernt hat. Auf die Frage, wie sie sich denn in Chengrong verliebt habe, folgt eine Pause und dann sagt sie, er sei ein so guter Mensch gewesen und habe so interessant von daheim erzählt. Sie erzählt auch, wie ihr

Vater von einem der Lehrer Chengrongs umgestimmt worden sei. Chengrong habe sie nie getäuscht und ihr gesagt, daß die Lebensumstände in China nicht so gut seien. Sie aber sei entschlossen gewesen, Chengrong überall hin zu folgen. »Es war ein schweres Leben«, wird von anderer Seite eingeworfen. Die Umstehenden fügen hinzu, daß Gertrude und ihr Mann kein einziges Mal gestritten hätten. Trudi erzählt dann von der Krankheit des Vaters, der aufopfernden Pflege der Mutter und die Episode mit dem Staatsbürgerschaftsnachweis. Die Kamera blendet wieder zu Gertrude über, die mit Maisstengeln im alten Herd ein Feuer entfacht. Schwer sei das Leben gewesen, doch das Familienleben ein sehr glückliches, sagt sie. Dann erzählt Trudi von den köstlichen Namen, welche ihr Vater den dürftigen Speisen gegeben hat, vom Schuhemachen Gertrudes und ihren Geschichten und vom Optimismus des Vaters, der fest daran geglaubt hat, daß es später einmal besser wird. »Sie kann alles!« sagt eine Frau aus dem Umfeld »Und sie spricht Dongyangdialekt«, fügt ein Mann hinzu. Die Kamera folgt dann Elisabeth in ihre Schule und Trudi in den Kindergarten. Edith kommt ins Bild, Enkel und Enkelin. Ob sie Heimweh nach der Mutter gehabt habe? Gertrude wischt sich die Augen und erzählt von dem schmerzlichen Brief mit den Vorhaltungen vom nicht erfolgten Besuch. »Weihnachten ist für Mama so schwer gewesen«, sagt Trudi. Sie und ihre Geschwister hätten sich immer bemüht, zu Weihnachten daheim zu sein, um die Mutter zu trösten. Dabei treibt es Trudi Tränen in die Augen, und Elisabeth weint. Elisabeth erzählt dann vom Wiener Bürgermeister, und daß ihre Mutter auf seine Frage nach dem Dableiben erwidert habe, China sei ihre Heimat, wo ihre Kinder warten. Der nächste Schwenk geht nach Wien in die Wohnung des Bruders Walter. Die Schwägerin erzählt, wie sehr die Mutter immer auf ein Wiedersehen gehofft habe. Gertrude weint. Die Klosterschule in Erdberg wird besucht und dann der Autor, der in seinem Interview betont, wie sehr sich Gertrude Wagner immer gewehrt hat, ohne Mann und Kinder nach Österreich zurückzukehren. In Hucang verleiht Peter seiner felsenfesten Überzeugung Ausdruck, daß seine Mutter ganz sicher zurückkommen wird. Wieder das Zimmer im alten Bauernhaus. Musik aus dem »Land des Lächelns«. Gertrude liest gerade klassische chinesische Erzählungen, hat aber auch österreichische Zeitungen auf dem Tisch. Danach bereitet sie in ihrer neuen Küche mit dem chinesischen Hackbeil ein Gericht zu. Der damalige Wiener Stadtrat für Planung und Äußeres, Dr. Swoboda, kommt mit einer Erklärung ins Bild, welche dem Fernsehteam ins neue politische Bild zu passen scheint: für das Miteinander von verschiedenen Kulturen seien weniger Politik oder staatliche Einrichtungen sondern viel mehr die menschlichen Schicksale wichtig. In diesem Sinne hoffe er, daß Frau Wagner aus ihrem Leben möglichst viel erzählen möge. So wie die österreichische schließt auch die chinesische Version mit derselben Szene. Begleitet von einer Enkelin geht Gertrude vor das Dorf hinaus, stellt ein Licht in ein Glasgefäß vor das Grab ihres Mannes und sagt dann in deutscher Sprache, die den chinesischen Zusehern übersetzt wird:

»Wir sind einen langen Weg miteinander durch Freud und Leid gegangen und haben dabei gut zusammengehalten. Ich hätte nie gedacht, daß er vor mir« und nach einem Schlucken, »geht«. Während sie große Stöße von gelbem Opfergeld anzündet, setzt sie hinzu: »Es hat ihm sehr leid getan, daß ich in solche Verhältnisse gekommen bin. Aber es war nicht seine Schuld. Er hat es am schwersten getragen.« Dann bekreuzigt sie sich.

Dieser Film rührt, wie es der ehemalige chinesische Botschafter in Wien, Yang Chengxu, ausgedrückt hat, »die Herzen von tausenden und abertausenden Chinesinnen und Chinesen«. Gertrude wird zu einer Symbolfigur nicht nur der österreichisch-chinesischen Beziehungen, sondern vor allem auch dafür, daß in China die Werte der Gattenliebe und der Familie wieder etwas gelten. Die Zeiten sind vorbei, als die »Rote-Banner-Gruppe« der Literaturkritik an der Peking Universität allen Ernstes behaupten konnte, es gäbe keine allgemeinen über die Klassen hinausreichende menschlichen Empfindungen. Die Liebe zwischen Mann und Frau oder die Mutterliebe seien ja nach dem Klassenhintergrund völlig verschieden. Passé auch, was Yao Wenyuan, einer der »Viererbande« dem Kommunistischen Jugendverband zum Stichwort »Ehe« 1963 ins Stammbuch schrieb:

»Wenn jemand heute den Standpunkt vertritt, daß Liebe über allem steht, wenn einer Liebe an eine übergeordnete Stelle im Leben setzt, Liebe als höchstes Glück betrachtet und bereit ist, alles für die Liebe zu opfern, dann wird er sein Interesse an der Sache des Sozialismus verlieren und der kommunistischen Moral entgegengesetzt handeln. Das unmittelbare Resultat ist, daß sowohl seine Arbeit als auch sein Studium ernsthaft beeinträchtigt werden. Er wird soweit gehen, Prinzipien aufzugeben, die Arbeit zu vernachlässigen und politische Fehler zu begehen, nur um individuelle Liebe aufrechtzuerhalten...

Ein proletarischer revolutionärer Kämpfer betrachtet die Sache der Revolution als den Mittelpunkt seines Lebens und ordnet seine individuelle Liebe den Notwendigkeiten der Revolution unter. Er kann alles opfern, sogar sein eigenes Leben, wenn die Sache der Revolution es von ihm verlangt. Er fühlt immer, daß es in den revolutionären Reihen von hunderten Millionen von Menschen eine große Schande ist, die Liebe zweier Leute in den Mittelpunkt des Lebens zu stellen...

Wenn man die revolutionäre Sache an die erste Stelle setzt, so heißt das nicht, daß ein proletarischer revolutionärer Kämpfer die Liebe vorschnell abtun kann. Im Gegensatz zur verführerischen und spielerischen Einstellung, die die Bourgeoisie zur Liebe hat, behandelt der proletarische revolutionäre Kämpfer die Liebe mit Nüchternheit und Vorsicht.«

Die aufrichtige Liebe Gertrudes zu ihrem Mann, ihr Opfermut und ihre uneingeschränkte Bereitschaft China als Heimat zu akzeptieren, sprechen in China Menschen aller Schichten an.

Wegen der großen Wirkung der Fernsehdokumentation gibt es viele Wiederholungen – im zentralen Fernsehen, in dem von Zhejiang, welches ebenfalls in ganz China empfangen werden kann und bei vielen anderen lokalen Fernsehstationen. Auch die Printmedien bemächtigen sich des Themas. Schon im Juli 1992 hatte das noble China Daily einen ganzseitigen reich illustrierten Artikel über Frau Wagner unter dem Titel »Love in another World« gebracht. Der Artikel schloß mit einer Passage, die in abgewandelter Form in den Frau Wagner gewidmeten Berichten immer wieder vorkommt: »Last year Gertrud went back to Vienna to visit her family for the first time. When her three brothers tried to persuade her to stay she refused. ›I cannot leave my family in China‹ she said.« Anlaß des Beitrages war die Auszeichnung der Auslandsösterreicherin durch die österreichische Bundesregierung, welche in Peking durch den österreichischen Botschafter, Dr. Dietrich Bukowski, vorgenommen worden war. Der 1995 gezeigte Fernsehfilm bahnte den Weg der Berichterstattung über die Österreicherin im chinesischen Dorf in viele lokale Zeitungen. Von Lokalblättern Shenzhens über die Abendzeitung der Stadt Wuhan bis hinein nach Xinjiang häuften sich bewundernde Berichte über die schlichte und tapfere Frau. Eine Lawine an Post wurde durch diese Reportagen ausgelöst. Viele Chinesen wollten der Frau, die eine der ihren geworden ist, ihren Respekt bezeugen, ihr Medizin schicken, sie besuchen, ein Photo von ihr bekommen und vieles mehr. Wie sehr Frau Wagner und damit auch ihr Heimatland dadurch in das Blickfeld und das Bewußtsein der Chinesen gerückt worden sind, sollen einige wenige Zitate aus anteilnehmenden Briefen zeigen, welche Frau Wagner zugegangen sind.

Aus der Stadt Zibo der Provinz Shandong schreibt ein Arzt der traditionellen chinesischen Heilkunde, er habe im zentralen Fernsehen den Film gesehen. Die Geschichte Frau Wagners habe nicht nur China sondern die ganze Welt erschüttert. Und er fügt hinzu: »Ihre Liebe ist ein Freundschaftsband zwischen Österrcich und China und wird immer gepriesen werden.« – Sogar die Postbeamtin, die diesen Brief beförderte, hat noch ihren eigenen Kommentar hinzugefügt: »Sie sind ein Vorbild für unsere Jugend«.

Aus dem Shanghaier Lokalfernsehen hat ein Mitglied der Fudan-Universität über Frau Wagner erfahren. Darin heißt es unter anderem: »Ich und meine Familie waren vollkommen gerührt... das österreichische Volk hat ein so großes und gutes Herz.«

Aus dem Zhaoyang Bezirk Pekings meldet sich Herr You Wei mit folgenden Zeilen: »Im Fernsehen habe ich Ihre rührende Geschichte gesehen. Ich bin tief gerührt!... Man soll von Ihnen lernen, im Leben nach der Liebe zu streben. Sie haben ein großes Herz und ich respektiere Sie sehr. Der Film über Sie betrifft die Menschen auf der ganzen Welt.«

Ebenfalls im Fernsehen sah Frau Wagner der Angehörige einer Seefrachtfirma in Tianjin (Tientsin). Er meinte: »Sie sind ein Mensch mit schönstem Charakter und ein Vorbild für die Liebenden.«

Andere Briefe belegen, daß die Berichte ihren Weg in die Lokalzeitungen in allen Ecken Chinas gefunden haben. Aus der Moschee Wuhans schreibt der Moslem Diao Xuehai an die »Mama Hua Zhiping« (Hua Zhiping ist der chinesische Name Frau Wagners):

»In der Abendzeitung von Wuhan habe ich den Bericht über Sie gelesen und bin vollkommen gerührt. Ihre reine

Liebe ist ein Vorbild für die junge Generation. Ihre Liebe, die so große Entfernungen und Schwierigkeiten überwunden hat, verkörpert die schöne Freundschaft zwischen China und Österreich! Nehmen Sie bitte die Glückwünsche von einem einfachen Moslem entgegen!«

In der Shenzhen Handelszeitung hat die pensionierte Krankenschwester Li Haian über Frau Wagner gelesen und schreibt an »Yang Lao Tai Tai« (»die ausländische gnädige Frau«):

»Sie sind aus Liebe von einem reichen in ein armes Land gekommen, aus Liebe zur Dorfbewohnerin geworden. Ihr Vorbild wird mich immer ermutigen ... Leider bin ich keine Literatin, sonst würde ich über Sie ein Buch schreiben. Ihre Geschichte macht großen Eindruck auf die chinesischen Familien! Ich war noch nie in Österreich. Seit dem Bericht hege ich große Sympathie für dieses weit entfernte Land!«

Selbst die politischen und sogenannten Massenorganisationen sparen nicht mit Anerkennung. Gertrude nimmt nun denselben Platz ein, den der Vater ihres Mannes als hochgeachteter Mann in Dongyang eingenommen hat. Am 2. April 1996 schreibt sie dem Autor:

»... habe diesmal als speziell eingeladener Vertreter an der Politischen Konsultativkonferenz des chinesischen Volkes in Dongyang teilgenommen. Am 17. März das Vorstellen der sieben neuen Mitglieder, anschließend ein Bankett für sie.« Ist sie für die romantischeren Fernsehredakteure eine große Liebende, so ist sie für die Frauenvereine das Vorbild für die Mütter. Sie erhält eine Reihe von Einladungen, um in anderen Städten an Muttertagsveranstaltungen teilzunehmen.

Trotz dieser vielen Begegnungen mit anderen Menschen überwältigt sie oft das Gefühl der Trauer. »Im Leben fehlt mir der Kamerad. Er hat mich zu früh verlassen, ich bin so furchtbar einsam.«

Am 12. Dezember 1995 kurz vor ihrem 79. Geburtstag schreibt sie dem Autor nach Wien:

»Bin in letzter Zeit immer zu Hause, viel allein. Das Wetter ist kalt, oft windig, mittags warm, da sitze ich gerne im Freien, im Hof und lese, auch passe ich auf die kleinen Kinder auf, damit die Verwandten arbeiten können. Sie sind mir dankbar dafür. Mir geht es sehr gut, gehe jeden Tag eine Stunde spazieren. Wir haben mindestens zwei Monate schon keinen Regen, das Gemüse ist daher heuer sehr teuer....«

Am 29. Februar 1996 heißt es:

»Mir geht es sehr gut, nur die Augen, ich habe den grauen Star. In die Ferne sehe ich schon sehr schlecht. Lesen kann ich noch. Der Arzt rät mir, im Sommer barfuß in der Wohnung zu gehen oder im Gras und viel Obst und Gemüse zu essen.«

Das Fernsehen goutiert sie in Form der Straußfilme. Ansonsten ist sie für weitere Begegnungen mit den Medien trotz ihres guten Verhältnisses zum Team aus Hangzhou weniger aufgeschlossen.

»Das Fernsehteam hat nach dem Inhalt des Films einen Artikel in der Zeitung veröffentlicht: ›Wagners chinesisches Herz‹. Es wird viel geschrieben, furchtbar. Lisel und Trudi sagen allen Journalisten ab, wir haben nichts zu sagen.« Doch ihre Geschichte sagt zu vielen zu viel, als daß sie Chance auf Abgeschiedenheit hätte.

MONDNEUJAHR FEIERN MIT
GANZ CHINA

Gertrude ist nun eine Zelebrität. Kein Wunder! China hat mit ca. 250 Millionen TV-Geräten eine der höchsten Fernsehdichten der Welt. Noch am 11. März 1974 hat sie ihrem Bruder Walter nach Wien geschrieben: »Vom Fernsehen wissen wir hier noch nichts. In Shanghai oder Peking gibt es das vielleicht schon.« Mittlerweile hat das Fernsehen seinen Einzug in entlegendste Dörfer gehalten. Der Dokumentarfilm von 1995 über sie wurde etliche Male zentral gesendet und darüber hinaus von einer ganzen Reihe von lokalen Sendern. Die 250 Millionen Geräte muß man mit einer Zuschauerzahl von jeweils mindestens drei multiplizieren, sodaß bei der Fülle von mehreren zentralen und lokalen Wiederholungen dies eine Gesamtzahl von weit über einer Milliarde Menschen ergibt.

Gertrude hat diese Publizität nicht gesucht und versucht sie weitgehend zu meiden. »Ich wünschte, man machte nicht so ein Tamtam um mich!« schreibt sie dem Autor nach Wien. Ihre Töchter müssen Fertigkeiten im Abfertigen von Reportern entwickeln. Wie lange ist es her, daß man in Dongyang, als sich Frau Gao Wenying auf Bitte der Österreichisch-Chinesischen Gesellschaft zum ersten Mal nach Gertrude erkundigt, ihre Existenz verleugnet. Nun wird Gertrude, welche die Öffentlichkeit nicht sucht, von der Öffentlichkeit gesucht. Ihre Bescheidenheit und Zurückhaltung ist nicht gespielt, aber in einem Winkel ihres Herzens tut ihr die späte Anerkennung wohl. Denn diese Anerkennung hat das »Gesicht« ihres Mannes wiederhergestellt, über den nun wohlwollend geschrieben wird. Darüber hinaus, hat die kleine zarte Frau aus Österreich nicht nur ihrer eigenen großen chinesischen Familie Gesicht gegeben, sondern auch ihrem Dorf und der Stadt Dongyang. Der Abglanz, der auf die politische Führung und die Einwohnerschaft fällt, ist willkommen. Bei den Filmarbeiten des Jahres 1995 fällt dem geschulten Blick des Fernsehteams aus Hangzhou auf, wie reich an Bräuchen Hucang und Dongyang sind. Bräuche, von denen man an anderen Orten Chinas kaum weiß, markieren das Leben der chinesischen Österreicherin. Obwohl sie wissen, daß Gertrude eigentlich keine öffentliche Auftritte mehr haben will, fassen sich die Regisseurin Shen Weiqin und der Kameramann Pan Liping ein Herz und bitten um Gertrudes Mitarbeit. Die ist hin- und hergerissen. Einerseits ist es für sie ein Horror, Aufmerksamkeit auf sich zu lenken und öffentlich sprechen zu müssen. Andererseits fühlt Gertrude, deren Liebe ein ganzes Leben ihrem Mann gehört hat, daß sie nun nach seinem Tod seinem Land gehört. So ist sie schließlich einverstanden, den Beginn des Mondjahres des Büffels, nach europäischem Kalender das Jahr 1997, und ihr damit verbundenes Gedenken an Chengrong mit ganz China zu teilen. Ein paar Wochen später flimmert der 45minütige Dokumentarfilm unter dem Titel »Frau Wagner begeht das neue Jahr« über die Bildschirme. Im Vorspann erklärt der Sprecher die Lage des Vierhundertfamiliendorfes Hucang in der Nähe Dongyangs. »Dort«, so erzählt er weiter, »beginnt das Neujahr schon am 28. Tag des 12. Mondmonats.« Dann kommt eine Enkelin Gertrudes ins Bild, die mit einem Laubbesen mit extralangem Stiel die Hauswände akribisch säubert. Das tut man auch anderswo in China, denn bleibt zum Neujahrsabend zu viel Schmutz zurück, so strafen die Geister die nachlässige Hausfrau mit Erblinden. Die Kamera schwenkt dann auf die Duilians, die auf rotem Papier kalligraphierten glückbringenden Sprüche, welche gerade zu beiden Seiten der Hoftüre angeklebt worden sind. »Die rote Winterkirschblüte heißt den frühen Frühling willkommen« lautet die links vom Eingang und »Eine glückliche Familie feiert zusammen das Fest« die andere. Daneben zeigt ein bäuerlicher Holzschnitt den Gott des Reichtums mit der Bildlegende, daß der Caishen bereits angekommen sei.

Im Hof von Peter kündigt ein großes, rotes aufgeklebtes Shuangxi, ein »Doppeltes Glück« außerdem an, daß zum Glückstag des Neujahrs noch ein anderes Fest gefeiert werden wird, nämlich die Hochzeit von Peters Erstgeborenem. Die Kamera schwenkt auf Peters Frau, die gerade eine dampfende Schweinshälfte von den Borsten befreit.

Dann kommt Gertrudes uralter Hof mit der Mittelhalle ins Bild, an deren First aus Anlaß des Jahreswechsels und der Hochzeit Laternen aufgehängt werden und zusätzlich einige rote Luftballons. Ein älterer Verwandter sitzt vor den kunstvoll durchbrochenen Holzfenstern, stellt Puffreis her, mischt ihn mit Zucker und schwarzem Sesam und schneidet das Endprodukt per Hackbeil mit einer Geschwindigkeit, welche um seine Finger fürchten läßt, in schmale Stücke. Außer den Sprüchen für Neujahr müssen eine Fülle von Widmungen für die Hochzeit gepinselt werden. In der Sippe Gertrudes gibt es zum Mondneujahr gleich zwei Brautpaare. Außer Peter, ihrem ältesten Enkel, heiratet noch ein Tangzhi, das heißt ein Enkel eines Bruders ihres Mannes. Das Hochzeitsmahl des Tangzhi wird am 20. des 12. Monats in der Mittelhalle des alten Gehöftes der Du gefeiert. Man schmaust an vielen runden Tischen. Gertrude wird gefragt, ob ihr eigenes Hochzeitsessen auch hier stattgefunden habe. Sie bejaht, erinnert sich, daß in der Halle damals vier große Tische standen und auch noch mehrere im Hof. Die von der Familie ihres Mannes sagen, sie hätten damals, als Hucang noch eine Brigade der Volkskommune war und sie am Feld arbeiteten, Gertrude ihre Kinder zur Beaufsichtigung gebracht, und die hätte sich rührend gekümmert. »Das sei zu schön gesagt«, meint Gertrude unter Verwendung des Instrumentariums chinesischer Höflichkeitsformen. »Es ist aber wahr!« setzen die am Tisch hinzu.

Die Hochzeit ihres eigenen Enkels wird dann vom Fernsehen ausführlicher ins Bild gerückt. Gertrude wird beim Herausnehmen eines großen Ziegels Dofu gezeigt, den sie gemeinsam mit ihrer Schwiegertochter rasch wendet und stürzt, damit die Form dabei nicht verloren geht. Dann putzt sie auf einem Schemelchen sitzend Frühlingszwiebel. Imposant gestaltet sich der Zug mit der Ausstattung der Braut des Enkelkindes. Normalerweise werden die Gegenstände von einem Dorf zum anderen in einer Art Prozession bis zum Haus des Bräutigams getragen. Da die Braut aber aus demselben Dorf ist, wird die Ausstattung mit Umwegen durch die Straßen Hucangs bewegt, damit auch jeder gut sehen kann, was die Braut in ihr neues Heim mitbringt. Und das ist eine ganze Menge! Als erstes rollen zwei große Propangasflaschen daher, die rot aufgeputzt und von einem Frotteehandtuch mit dem Zeichen für »Doppeltes Glück« bedeckt sind.

Eine alte Frau kommt mit einem roten Bündel, an welchem ein großer runder Spiegel angebracht ist. Das alte Abwehrsymbol gegen die bösen Geister wird also auch heute noch bei Hochzeiten der Gegend verwendet. Ein Fahrrad kommt, ebenfalls rot geschmückt, ein sorgfältig eingewickelter Ventilator und einige Prachtstücke schwerer geschnitzter Möbel, wie sie von den Handwerkern des Kreises so kunstvoll hergestellt werden. Zum Abschluß der Prozession schleppen zwei Männer zwei große Bambusstämme, an denen man die Wurzelballen und die Wipfel belassen hat. In Anlehnung an die Segmente des Bambus soll dies »jie jie gao« heißen, es möge mit jedem Jahr »höher werden« das heißt, besser gehen.

Dann wird wiederum Gertrude ins Bild gebracht. Sie bekommt für die Hochzeitsfeier des Enkels eine Kopfwäsche und einige Wellen ins Haar. Die jüngste Tochter Edith und deren Kind föhnen die Großmutter. Edith blickt ihr liebevoll in die Augen und tritt dann ein Stück zurück, um ihr Werk zu begutachten. Elisabeth, die Älteste, tritt mit ihrer Tochter ein. »Hao, hao«, sagt sie, »Gut gemacht!«. In der nächsten Szene kommt die Braut. Der Bräutigam begrüßt sie mit einem großen Blumenstrauß und trägt sie dann unter dem Beifall der Umstehenden über die Schwelle.

Nun ist es an den Brautleuten die üblichen Kotaus zu verrichten. Vor dem Opfertisch bezeigen sie zuerst dem Himmel und der Erde ihren Respekt, dann den Ahnen und dann als Sippenoberhaupt der ausländischen Großmutter. Gertrude lächelt und gibt den beiden, der Sitte gemäß je ein »Hongbao«, rote Kuverts mit einem Geldgeschenk.

Der 27. des 12. Mondmonats ist ein Tag, an dem in Hucang die Fische an die Einwohner verteilt werden. »Der Parteisekretär des Dorfes hat den Teich gepachtet«, erklärt der Sprecher, »aber am Ende des Jahres muß er dem Dorf 2000 Jin, das ist eine Tonne Fisch, geben.« Damit kommt auf jeden etwa ein Kilo. Gertrude sieht dem Ausfischen des Teiches mit Netzen zu. Elegant sieht sie aus in ihrem modern geschnittenen grau-beigen Mantel und dem grauen Schal mit drei weißen Querstreifen, von dem ihr ein Teil modisch über die Schulter hängt. Unter einem zartgelben Schirm betrachtet sie das rege Treiben, bis sie mit Los ihren Teil am Fischzug ausgehändigt bekommt.

Als nächstes kommt Peters Frau ins Bild, die einen riesigen Schweinekopf in ein schönes altes Lackgefäß stellt. Bei der Hausschlachtung sind auch große weiße Würste abgefallen. »Jetzt darf sie nicht vergessen, Cao Wangye, dem Herdgott ihre Reverenz zu erweisen«, sagt der Kommentator. Das ist auch nicht ratsam, denn mit der Zeit ist aus dem rangmäßig nicht sehr hohen Küchengott eine Schutzgottheit geworden, welche an Bedeutung die anderen Haushaltsgötter überragt. Sogar der chinesische Kaiser hat vor dem Neujahr seinen Küchengott trommelschlagend und mit Opfern in den Himmel entlassen. Dort berichtet Cao Wangye dem Jadekaiser über das, was er während des abgelaufenen Jahres in dem von ihm kontrollierten Haushalt beobachtet hat. Für eine gute Tat hat er eine helle und für eine schlechte einen dunkle Kugel in ein Gefäß fallen lassen. Er ist also jemand, mit dem man sich gut stellen muß. Gertrudes Schwiegertochter wäscht sich daher zuerst das Gesicht, bevor sie sich dem über dem Herd befindlichen gemauerten Altärchen des Herdgottes widmet. Am Dach und an den Seiten des kleinen Schreines klebt sie zuerst rote Papierstreifen mit Inschriften auf. Die in der Mitte bedeutet »Jixiang« – »Alles Gute«. Links und rechts daneben steht: »Wenn du aufrecht bist, kannst du den Himmel erreichen« und »Klugheit und Selbstverleugnung schaffen das Feuer«. Inhalte, welche die moralischen Ansprüche, welche der Gott an die Gastfamilie stellt, zu erfüllen scheinen. Dann nimmt die Hausfrau zwei Leuchter mit brennenden roten Opferkerzen und stellt sie zu beiden Seiten des Altärchens. Drei Eßschälchen mit Opfergaben stehen darunter. Cao Wangye erhält nun drei Weihrauchstäbchen. Die Schwiegertocher füllt außerdem Suppe und kleine Stückchen vom Schweinekopf in eine Schale und schüttet den Inhalt in den Hof. Dazu ruft sie »Biaoshi chele«. Es ist schon gegessen worden. Der gestrenge Gott hat die Opfer angenommen.

Dann schwenkt die Kamera wieder zum Heim Gertrudes im Stammhaus der Du-Sippe. Auf dem Opfertisch vor der Mittelhalle brennen Leuchter und Laternen. Zwei Enkel lassen kichernd ein an einer langen Stange befestigtes, kaum endenwollendes Peitschenfeuerwerk abbrennen, bei dem der Funke von einem der Pulverröllchen zum anderen überspringt. Das Fernsehen fragt die Frau Peters, wo Gertrude den Neujahrsabend verbringen wird. »Vielleicht kommt sie nach dem Essen«, sagt die Schwiegertochter und Peter meint: »So wie sie will. Ich wollte für sie ein neues Haus bauen, aber sie hängt an ihrer alten Umgebung und will die alte Wohnung nicht aufgeben.« Die Schwiegertochter fügt hinzu: »Wahrscheinlich kommt sie nach dem Essen und dann geht sie in ihr altes Haus.«

Gertrude hat die Zeit des Neujahrs unter ihren Kindern aufgeteilt. Zuerst geht sie mit Trudi und deren Familie in Dongyang in das Guanming Grand Hotel essen. Als sie in der prächtigen Speisehalle mit den Ihren an einem der runden Tische Platz nimmt, sagt sie: »Das kann ich mir eigentlich gar nicht leisten.« »Aber jetzt ist eine neue Zeit«, erwiderte Trude, »und du sollst sie auch genießen.« »Es ist schön, daß Mutter bei uns ist«, sagt Trudis Mann, der sich vom Tischler zu einem gut verdienenden Angestellten einer großen Baugesellschaft hochgearbeitet hat. Nach dem reichlichen Essen sieht man wie in den meisten chinesischen Haushalten die Neujahrsschau des Zentralen chinesischen Fernsehens mit seinen Tanz-, Gesangs- und komischen Nummern. Da läutet es, und der Chef der Propagandaabteilung des Stadtparteikomitees von Dongyang bringt Gertrude einen großen Blumenstrauß. Auch in China kommen die politischen Funktionäre gerne ins Fernsehen. Der nächste Besucher kann sich nur telefonisch melden. Es ist der älteste Sohn Alfred, welcher aus dem fernen Kunming anruft. Gertrude spricht mit ihm in der gemütlichen mährischen Mundart, die sie von ihren Eltern in Wien gelernt hat und sagt ihm, sie habe eine Neuigkeit für ihn. Im kommenden Jahr würde sie auf Einladung des Ehrenpräsidenten der Österreichisch-Chinesischen Gesellschaft, Dr. Helmut Sohmen, mit Alfred zum ersten Mal gemeinsam Wien besuchen. Durch den Äther kommen Töne freudiger Überraschung.

Den darauffolgenden ersten Neujahrstag verbringt Gertrude bei ihrem zweiten Sohn Peter in Dongyang. Sie ist Ehrengast bei einer Frühlingsfest-Teeparty, die der Parteisekretär des Dorfes organisiert hat. Während manche Passanten beim ersten Film im Jahre 1995 an der Kamera vorbeihuschen, zeigen alle Dörfler heute gerne

Familienphoto zum chinesischen Mondneujahr 1992

öffentlich, daß sie darauf stolz sind, Gertrude zu kennen. Unter dem Triptychon der Bilder Mao Zedongs, Zhou Enlais und Liu Shaoqis hat der Parteisekretär die Honoratioren des Ortes um sich versammelt. »Genossen«, sagt er zu ihnen, »heute ist der erste Tag des Jahres 1997. Wir wollen Hucang modernisieren, und ihr habt dazu den rechten Pionier- und Reformgeist.« Gertrude hört höflich zu und nippt dabei an einer bunt gemusterten Teetasse. Dann werden ihr von einer Enkelin Gummistiefel übergezogen, denn es steht ein Besuch am Grab Chengrongs bevor. So wie die verstorbenen Familienmitglieder am Neujahrsabend durch die Opfer in das Fest einzubeziehen waren, so gilt es auch, den ersten Neujahrstag mit ihnen zu teilen. In der Zwischenzeit erzählt der Kommentator über Chengrong, und es ist nur Gutes, was er über den Mann berichtet, der dreißig Jahre lang in seinem Dorf diskriminiert worden ist. Über die Schulung in Wien weiß er zu erzählen, und daß Gertrude in einer Zeit zu ihrem Chengrong gefahren ist, in der China nach außen wie auch im Inneren mit großen Schwierigkeiten zu kämpfen gehabt hat. Wegen der damaligen Situation habe Chengrong als Lehrer an Polizeiakademien oft übersiedeln müssen. 1948 habe er als Beamter des alten Regimes seine Stellung aufgegeben und sei hierauf Bauer geworden.

Die Kamera hat mittlerweile Gertrude und Peters Familie bis vor das Dorf hinausbegleitet. Auf einer kleinen Hütte vor dem Hügel mit den Gräbern sind große weiße Zeichen aufgemalt. Nein, es ist nicht mehr eine Werbung von der landwirtschaftlichen Brigade Dazhai, zu lernen, was zu kulturrevolutionären Zeiten stets eine Parole war, sondern es handelt sich um eine Werbung für Gips. Der Fernsehsprecher läßt nicht unerwähnt, daß Chengrong während der Kulturrevolution kritisiert worden ist. Gestärkt durch ihre Liebe hätten sich Chengrong und seine österreichische Frau den damaligen Problemen gestellt. Es sei auch die Liebe und die warme Zuneigung die

Grundlage des damals herzlichen Familienlebens unter ärmlichen Verhältnissen gewesen. Damit wird vom chinesischen Fernsehen nochmals der Stimmung Ausdruck verliehen, welche sich nach dem ersten Film über Gertrude in zahllosen Briefen der damaligen Zuseher niedergeschlagen hat. Der Mut zum Gefühl, das Wiederhochhalten der Werte der Familie. Die zarte Österreicherin ist dadurch endgültig zum Symbol geworden.

Die Familie ist vor dem Grabstein Chengrongs angelangt. Mit einer flüchtigen Handbewegung entfernt Gertrude ein Unkraut. Dann nimmt sie drei Weihrauchstäbchen in die Hände und verneigt sich damit, wie es die Sitte gebietet. Feuerwerkskörper werden gezündet, um vom Grab böse Geister fernzuhalten, und dann verzehrt ein rasch auflodernder Feuer einen großen Berg Papiergeld.

Chuer, der zweite Neujahrstag, ist wie immer in Hucang den Aufführungen von Lokalopern gewidmet. An die Seite der improvisierten Bühne hängt ein alter Mann ein Täfelchen, auf dem mit Kreide die Ankündigung des nächsten Stückes geschrieben ist. Die Zuschauer sind meistens ältere Leute. Da steht es in Hucang nicht anders als in den Großstädten. Die Jugend ist für die Oper alten Stils nur mehr schwer zu begeistern. Ein Alter trägt seinen Bambusstuhl vorbei, ein anderer hat den zusammengeklappten Regenschirm unter dem Arm. Vorne sind Sitzplätze und hinten stehen jene, die nur ein bißchen zusehen und dann wieder weitergehen wollen. Auf der Bühne spielt sich eine Kampfszene zwischen zwei Generälen ab, welche man an den vielen Fähnchen erkennt, die sie am Rücken tragen. Sie umkreisen einander und bedrohen sich mit ihren Speeren. »1600 Yuan geben wir für eine Vorstellung aus«, sagt der Parteisekretär, der neben Gertrude steht. Von so vielen erstellten Monatsbudgets ist Gertrude im Schnellrechnen geübt und erwidert: »Dann sind es ja 9600 Yuan für 3 Tage und Zigaretten und Hongbaos muß man ihnen auch noch geben.« Die anderen lachen, und sie lacht mit. Dann wird Gertrude gefragt, ob sie denn verstehe, was da auf der Bühne mit Falsettstimme gesungen und gesprochen wird. Darauf meint sie, einiges verstehe sie schon und im übrigen spielten sich doch alle diese Opern so ziemlich nach einem Muster ab.

Am dritten Tag nimmt Gertrude im alten Haus die Neujahrswünsche der Familie entgegen. Die Kinder haben die Zimmer neu ausmalen lassen, und auch viele Möbel sind neu. Auf dem großen Holzbett sitzend, das von einer kleinen Galerie kunstvoll gedrechselter Säulchen eingefaßt ist, nimmt sie die Kotaus der Kleinen der Familie entgegen und steckt ihnen Hongbaos, die roten Kuverts mit dem Neujahrsgeld, zu. Dann kommt Elisabeths Mann herein und fragt, ob sich Alfred telefonisch gemeldet habe. In einem Emaillavoir mit aufgemalten Fischen schreckt Gertrude Eier ab, um eine Enkelin nach altem lokalen Neujahrsbrauch zu bewirten. Das Mädchen tut sich mit den Stäbchen schwer und fragt die Großmutter, ob sie das Ei in die Hand nehmen darf. »Ich wollte Alfred schreiben, bin aber nicht dazugekommen,« sagt Gertrude. »Doch sein Brief ist angekommen. Er liegt drüben auf dem Tisch. Die deutschen Teile kann ich lesen, doch bei den chinesischen tu ich mir mit meinen schwachen Augen schwer.« Dann gehen alle zum Haus von Peter und essen ein üppiges Neujahrsmahl. Sie sprechen von den Jahren, in denen nichts zu essen da war, und Mutter aus Reis und Rettich wohlschmeckende Gerichte zauberte. Dann geht es zurück in den alten Hof der Dus. Wie jedes Jahr stellt sich die Familie vor der Haupthalle zum Familienphoto zusammen.

Am achten Tag beginnt jenes Treiben, das Gertrude nach ihrer Übersiedlung nach Hucang immer mit großen Augen betrachtet hat. Der große Lichterdrache Hucangs, den es schon seit 200 Jahren gibt, beginnt sich zu regen. Ein bißchen etwas hat sich seit jenem Neujahr geändert, als sie ihn zum ersten Mal in Aktion sah. Erstens stimmt das Datum nicht mehr. In früherer Zeit hat man sich an den traditionellen Termin des Laternenfestes gehalten, das heißt an den 15. Tag nach Beginn des Mondneujahres. Doch das geht heutzutage nicht mehr. Viele der Menschen in den Dörfern rund um Dongyang verdienen sich ihr Geld in den großen Städten, und dort gibt es kein Verständnis für so langes Wegbleiben von der Arbeit. Also muß der Drachentanz auf den achten Tag nach Neujahr vorverlegt werden. Das Material, aus dem man die Laternen fertigt, ist vielfältiger geworden. So wie früher gibt es Laternen in der Form roter Blumentöpfe, in denen echte Blätter oder Blumen stecken. Auch die großen Laternen in der Form von Papiertieren hat es früher gegeben. Doch kaum die bunten Luftballons, mit welchen eine Reihe von Familien ihre Anteile am Drachen schmücken. Die Grundkonstruktion des Lichterdrachens ist allerdings gleich geblieben. Er besteht aus vielen Holzbänkchen, die Löcher aufweisen, in welche dann große Holzzapfen gesteckt werden, um sie mit den Bänkchen der anderen Familien zu verbinden. Auf diese Weise sind die Drachen der Gegend um Dongyang fast hundert Mal so lang wie die anderswo in China üblichen Drachen, welche aus Papier und Bambusgeflecht bestehen. Jede Familie verfertigt ein solches Bänkchen mit zwei kunstvoll hergestellten Laternen. Der Bürgermeister gibt sich fortschrittlich und patriotisch. Seine Laterne hat die Form eines Autos. Die Aufschrift begrüßt die Heimkehr Hongkongs ins Mutterland. Insgesamt beteiligen sich alle vierhundert Haushalte Hucangs an dem großen Schauspiel. Die Dörfler kommen lachend und scherzend aus ihren Häusern, um die einzelnen Bänkchen miteinander zu verbinden. Um fünf Uhr nachmittags geht es damit vor das Dorf hinaus. Die hinter dem Drachenkopf laufen, tragen rote Laternen. Zwei große weiße Laternen bilden die Augen des Drachens. Trotz der vielen relativ steifen Gelenke des Drachens zeigen die Drachentänzer die kompliziertesten Figuren und Wendungen. Im wilden Lauf kommen die Burschen daher und stoßen dabei kleine Schreie aus: Immer neu ringelt sich der Drache in vielen Lichterketten um seinen eigenen Kopf, ein Schauspiel das auch in der Zeit der Neonreklamen entzückt. Erst seit 1970 gibt es hier elektrisches Licht. Man kann sich vorstellen, welch überwältigendes Schauspiel der Drachentanz in alten Zeiten mit seinem Lichterzauber den Bauern bot. Ein magisches Spektakel, welches die Felder und das ganze Dorf verzauberte. Von stolzen Vätern und Großvätern werden nun die Kinder unter der schimmernden Aura des großen Drachenkopfes durchgereicht, damit seine Stärke auf sie übergeht. Hier nimmt reale Gestalt an, was ein beliebtes Lied erzählt, das überall in China gesungen wird:

»Im alten Orient lebt ein Volk,
Es sind die Kinder des Drachen.
Unter den Füßen des Drachen wachsen wir auf,
Um die Kinder des Drachen zu sein.
Mit dunklen Augen, Haar und gelber Haut
Werden wir immer die Kinder des Drachen sein...«

Um Mitternacht beginnt es zu regnen, und die Drachentänzer stellen ihre Vorführung ein. Der Regen ist kein schlechtes, sondern ein gutes Omen. Der Drachen spendet Regen, und den braucht man dringend für die Saat. Die Regentropfen, welche aus dem Nachthimmel niederfallen, der vom Widerschein der vielen erleuchteten Gehöfte erhellt ist, zeigen den Drachentänzern, daß sie den Drachen gerührt haben.

Am Fenster ihres laternenbehangenen Gehöftes steht Gertrude Wagner, die unter den Kindern des Drachen, als Hua Zhiping, selbst ein Kind des Drachen geworden ist.

QUELLENNACHWEIS:

Corozier, Brian: Chiang Kaishek, The Man Who Lost China, London 1977

Eastman, Lloyd E. / Ch'en, Jerome / Pepper, Suzanne/ Van Slyke, Lyman P.: The Nationalist Era in China 1927–1949. New York 1991

Ekvall, Robert B.: The Bombing of Chungking, in: Asia, August 1939

Fitch, R.F.: Hangchow Itineraries, Shanghai 1929

Graham, Betty: Justice and Liberated Area, China-Report 42/43 1978

Graham, Betty: Pows and Democracy, China-Report 42/43 1978

Grieshofer, Franz / Kaminski, Gerd: Herdgott und Habergeiß, Wien 1991

Hahn, Emily: The Soong Sisters, New York 1941

Han, Suyin: Zwischen zwei Sonnen, München 1968

Jensen, Fritz: China siegt, Wien 1949

Kadrnoska, Franz: Aufbruch und Untergang, Wien 1981.

Kaminski, Gerd: China – Taiwan, Frankfurt 1970

Kaminski, Gerd: China – Taiwan, Frankfurt 1971

Kaminski, Gerd: Menschenrechte in China, Wien 1978

Kaminski, Gerd / Unterrieder, Else: Von Österreichern und Chinesen, Wien 1980

Kaminski, Gerd: Vergessene Dienste – Dr. Felix Stumvoll: erster und letzter österreichischer Gesandter in der Republik China, China-Report 111/112 1991.

Kaminski, Gerd: Fallende Monde, Wien 1991

und die in den angegebenen Werken Kaminskis zitierten Quellen

Lin, Tsiu-Sen: Chinas Wiedergeburt – Bewegung Neues Leben, Berlin 1936

Martin, Helmut: (Hrsg) Mao Zedong Texte, Ausgewählte Werke Mao Zedongs, Verlag für fremdsprachige Literatur, Peking

Opitz, Peter J.: Gezeitenwechsel in China, Osnabrück 1991

Opletal, Helmut: Liebe und Sexualität in China, China-Report Nr. 30/31 1976

Portisch, Hugo: Österreich I, Wien 1989

Qiu, Huanxing: Folk Customs of China, Peking 1992

Schiff, Friedrich: Nachlaß

Snow, Edgar: Roter Stern über China, Frankfurt 1970

Tuchmann, Barbara: Sand gegen den Wien, Stuttgart 1973

Unterrieder, Else: Glück ein ganzes Mondjahr lang, Klagenfurt 1984

Unterrieder, Else: Eine ganz gewöhnliche Frau, China-Report 109/110 1990/1991

Van Looy, S.L.: Neu Österreich, Wien – Amsterdam 1923

Weggel, Oskar: China zwischen Revolution und Etikette, München 1982

Yang, Chengxu: Gertrude Wagner, eine Symbolfigur der österreichisch-chinesischen Beziehungen, in Kaminski, Gerd – Kreissl, Barbara: Aodili- Geschichte einer dreihundertjährigen Beziehung, Wien 1996

Zöllner, Erich: Geschichte Österreichs, 3. Aufl., Wien 1966

80 Jahre Wiener Sicherheitswache, hrsg. von der Bundespolizeidirektion Wien 1949

Bericht des Außenamtes von Dongyang über das Dorf Hucang 1997

Briefwechsel mit Frau Gertrude Du-Wagner, ihrem Sohn Alfred Du und Trudi Du

Dongyang Shi Zhi (Geschichte der Stadt Dongyang), Dongyang 1992.
Dieses 874 Seiten starke Buch war neben den Interviews und den Briefwechseln die wichtigste Quelle für die Erfassung der Lebensumstände Frau Gertrude Du-Wagners. Hier wird Dongyang seiner langen Gelehrtentradition voll gerecht. Die einzelnen Beiträge sind anschaulich, objektiv und wissenschaftlich auf höchstem Niveau abgefaßt.

Interviews mit Frau Gertrude Du-Wagner sowie ihren Familienangehörigen in China und Wien seit 1990

Interview mit Schwester Clementine vom 3. Orden des Heiligen Franziskus

Interview mit der Schulfreundin Frau Du-Wagners Theresia Schneider, geb. Maday

Singende Berge und malerische Wasser, Dongyang 1995

The China White Paper, neu hrsggb. von Stanford University Press 1967

Und der Same ging auf, hrsg. von den Schulschwestern des III. Ordens des Hl. Franziskus, Wien 1963

Video der von Schüller-Opletal gestalteten Sendung »Am Schauplatz«, ORF 1995

Videos der von Zhejiang gedrehten Dokumentarfilme über Gertrude Du-Wagner der Jahre 1995 und 1997 (in chinesischer Sprache)